| 거룩한 흐름, 분위기 |

Atmosphere

by Joshua Mills

Copyright © 2011 by Joshua Mills

Originally published in English under the title
Atmosphere by New Wine International
In USA : P. O. Box 4037, Palm Springs, CA 92263
In Canada : 47-20821 Fraser Hwy, Suite #450 Langley, BC V3A 0B6

Korean translation Copyright © 2012 by Pure Nard
2F 16, Eonju-ro 69-gil, Gangnam-gu, Seoul, Korea

본 저작물의 한국어판 저작권은 New Wine International과의 독점 계약으로 한국어 판권은 '순전한 나드'가 소유합니다.
저작권자의 허락 없이 이 책의 일부 또는 전체를 무단 복제, 전재, 발췌하면 저작권법에 의해 처벌을 받습니다.

거룩한 흐름
분위기

조슈아 밀즈 지음 · 심현석 옮김

거룩한 흐름, 분위기

초판발행 | 2013년 4월 10일
2쇄 발행 | 2022년 9월 19일

지 은 이 | 조슈아 밀즈
옮 긴 이 | 심현석

펴 낸 이 | 허철
편　　집 | 김혜진
디 자 인 | 이보다나
제　　작 | 김도훈

인 쇄 소 | 예원프린팅
펴 낸 곳 | 도서출판 순전한 나드
등록번호 | 제2010-000128
주　　소 | 서울 강남구 언주로69길 16 (역삼동) 2층
도서문의 | 02) 574-6702
팩　　스 | 02) 574-9704
홈페이지 | www.purenard.co.kr

Printed in Korea

ISBN 978-89-6237-139-0 03230

주의
Atmosphere

본서는 의학 지식의 전달을 주된 목적으로 삼지 않았다. 그러므로 본서가 제시하는 권고사항은 의사의 진료와 처방을 대신할 수 없다. 본서의 저자와 출판 관계자 일동은 독자들에게 의료 전문가 및 건강 관련 전문가들의 조언대로 행하기를 적극 권장하는 바이다. 따라서 본서가 제공하는 정보를 적용하여 나름의 의료행위를 실시할 경우, 본 저자와 출판사는 해당 행위의 결과에 대해 아무런 법적 책임이 없음을 일러둔다.

Atmosphere
거룩한 흐름
분위기

추천의 글

이 책은 당신이 손꼽아 기다려왔던 책이다! 조슈아 밀즈는 영광과 임재와 승리의 거룩한 분위기를 조성하고 유지하는 데 꼭 필요한 실용지침을 이 한 권의 책 속에 담아냈다. 그러므로 이 책의 내용을 따르면 당신의 삶은 분명 변화될 것이다. 시의적절하고 교육적인 이 책은 그리스도 안에서 당신이 어떤 지위를 갖고 있는지 알려준다. 게다가 하나님과 동행하는 당신의 신앙생활이 과연 올바른지를 점검해보는 기회도 제공한다. 간단히 말해 이 책은 올바른 삶, 거룩한 삶을 위한 가이드북이다.

스티브 스완슨(Steve Swanson)
신랑의 친구 예배사역팀

조슈아 밀즈가 쓴 《거룩한 흐름, 분위기》는 영적인 계시로 가득하다. 책의 내용은 신선한 생각을 불러일으키고 사역의 패턴에 변화를 가져다줄 것이다. 쉽게 읽힌다고 무시할 수 없는 이 책은 성령을 따르는 예배사역자라면 반드시 읽어야 할 책이다.

라루 하워드(LaRue Howard)
음반 아티스트, 뉴비기닝교회 음악목사

찬양사역자이자 목사인 나는 사람들의 마음과 삶을 변화시키는 데 성령 충만한 분위기가 얼마나 중요한지 아주 잘 알고 있다. 조슈아 밀즈는 수많은 사람들이 갈망하는 일(하나님과의 기적적인 만남)을 체험했다. 그는 어떻게 하면 영광의 분위기 속에서 살 수 있는지 이 책에 자세히 기록했다. 만일 당신의 삶과 사역이 하나님의 임재 안에 '갇히기를' 바란다면 이 책을 읽으라. 이 책이 바로 그 열쇠이다.

켈리 워렌 어기(Kelley Warren Augi)
찬양목사, 도미니언선교센터

이 책에서 조슈아 밀즈는 심오한 진리를 단순하게 설명한다. 또한 하나님 안에서 가장 숭고한 목적을 따르기 위해 어떤 분위기를, 어떻게 조성해야 하는지도 알려준다. 그는 우리가 잊어버린 기초부터 새로 시작하여 하나님의 계시를 받을 수 있는 자리로 인도한다. 올바른 분위기 조성 방법을 배울 때, 당신은 희열을 느낄 것이다. 올바른 분위기가 조성될 때, 비로소 당신은 변화의 기초를 다질 수 있다. 그동안 당신의 에너지와 생각, 시간, 자원을 소진시켰던 것들로부터 스스로를 분리시킬 수 있다. 과거에 단 한 번도 깨닫지 못했던 당신 자신만의 창조성도 발견하게 될 것이다. 이해하기 쉽게 쓰인 이 책을 통해 귀한 진리를 얻게 될 것이다.

조안 맥패터(JoAnn McFatter)
인사이드이터너티선교회

조슈아 밀즈가 사역하는 곳마다 분위기가 바뀌고 놀라운 기적이 일어나는 것은 결코 우연이 아니다. 이 책을 통해 당신은 초자연적인 삶의 방식을 배우고, 분위기를 변화시킬 강력한 진리를 얻게 될 것이다. 그러므로 큰 기대를 품고 이 책을 읽기 시작하라. 이제 곧 하나님의 영광 속 온전한 자유를 향해 비상하게 될 테니 단단히 마음먹으라.

보니 웰리(Bonnie Whaley)
인티그리티뮤직 아티스트, 시티처치인터내셔널 예배사역자

헌정사

수년 동안 이 놀라운 계시들이 내 영을 휘저어놓았다. 입을 열어 그것들을 말하지 않고는 배길 수 없었다. 심지어 나는 영적인 분위기 조성에 관한 '모든' 내용을 강연했다. 하지만 학생들이 그 진리를 깊이 깨닫기 시작한 것은 '기적의 학교'(The School of Miracles, 텍사스 주 휴스턴 소재 빅토리크리스천센터)가 시작된 후였다. 그 가르침의 효과가 컸기 때문에 그와 동일한 내용으로 이 책을 집필했다.

이 책을 토니 크리셰 목사와 그의 찬양팀에게 헌정한다. 그와 그의 사역팀은 끈질기게 하나님의 영광을 추구했다. 또한 영향력을 펼쳐야 할 자리에서 기적과 성공의 분위기를 훌륭하게 조성해냈다. 이러한 이유로 나는 그들 모두에게 감사를 전한다.

감사의 글

나로 하여금 창조성을 발휘하여 하나님의 계시를 잘 집필할 수 있도록 우리 가정에 사랑의 분위기를 조성해준 아내 재닛 앤젤라 밀즈와 아들 링컨에게 감사를 전한다.

편집을 위해 수고해준 데이비드 슬러커와 그의 사역팀, 그리고 디자이너로 수고해준 켄 베일에게도 감사의 마음을 전한다.

목차

추천의 글	_7
헌정사	_10
감사의 글	_11
서문	_14
프롤로그	_16
에필로그	_118

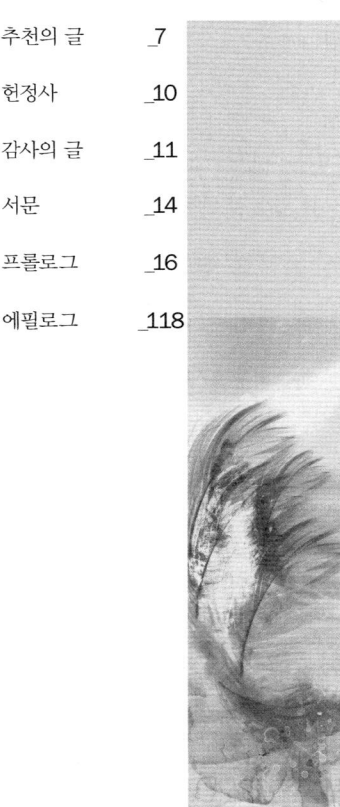

Chapter 1 분위기에 대한 20가지 사실 _20

Chapter 2 몸, 혼, 영 _36

Chapter 3 기적을 위한 분위기 조성 _44

Chapter 4 소리와 빛 _70

Chapter 5 색 _80

Chapter 6 정리정돈 _90

Chapter 7 관대함 _100

Chapter 8 환경에 영향을 미치다 _114

책 속의 **책**
천사의 임재를 분별하는 법 _123

서문

'분위기'란 특정 장소에서 감지되는 지배적인 느낌, 혹은 대기를 둘러싼 기운을 뜻한다. 웹스터사전 역시 분위기를 '스릴 있고 색다르며 마음을 들뜨게 하는 효과'로 정의한다. 음악, 장식, 색깔, 미술작품 등을 매개로 환경과 무드를 변화시키는 것 역시 분위기의 주된 효과이다.

그런데 이 땅에는 자연적인 분위기만 있는 것은 아니다. 우리는 하나님의 영광스런 임재, 곧 초자연적 분위기의 실체에 대해서도 알고 있다. 초자연적 분위기는 언제나 자연적인 분위기를 압도한다. 초자연적 분위기가 조성되면 우리의 삶에 영원한 변화가 일어난다.

조슈아 밀즈는 분위기를 변화시키는 사람이다. 그는 자신의 영적 온도조절기를 '최고 온도'(극한의 영광)에 고정시켜 놓았다. 조슈아 밀즈는 하나님을 예배하는 기적의 사역자가 되기를, 또 그렇게 살아가기를 하나님 앞에서 다짐했다.

그는 또한 하나님의 전능한 손에 들린 의(義)의 무기이다. 이 책을 읽으면 놀라운 지식을 얻게 되는 것은 물론 당신의 삶 또한 변화될 것이다. 당신 역시 분위기를 변화시키는 사람으로 우뚝 서게 될 것이다.

클래리스 플루이트(Clarice Fluitt)
이글스네스트교회 개척 및 공동 담임목사, 세계기도훈련센터 담당

프롤로그

나는 지난 15년 동안 전 세계를 돌아다녔다. 다양한 나라를 다니며 깨달은 것은 하나님의 영광스런 임재를 체험하는 데 '분위기'가 정말 중요한 역할을 한다는 것이다. 당신이 머무는 곳의 분위기는 당신 자신에게는 물론 하나님께도 중요하다. 나는 그렇게 믿는다.

- 천사들이 베데스다 연못을 동하게 했을 때, 치유의 기적이 일어날 수 있는 분위기가 조성되었다(요 5:2-3).

- 시편 기자였던 다윗이 수금을 탔을 때, 축사(逐邪)의 기적을 위한 분위기가 조성되었다(삼상 16:23).

- 사르밧의 과부가 마지막 한 줌의 밀가루로 떡을 구워 엘리야 선지자

를 대접했을 때, 기적의 분위기가 조성되어 그녀의 삶에 하나님의 초자연적 공급이 임했다(왕상 17:7-16).

하나님께서는 매일매일 당신의 삶에 기적이 일어나기를 바라시며, 그것을 경험할 수 있는 분위기가 조성되기를 원하신다.

하나님께서 맡기신 임무에 따라 나는 이 책을 써내려간다. 나는 책 전반에 걸쳐 기적이 일어날 수 있는 분위기에 대해 설명하고, 그러한 분위기를 조성하는 방법도 이야기할 것이다. 이 책에 담긴 초자연적 계시를 습득하면, 당신도 이 땅 위에 하나님의 영광이 임할 분위기를 만들어낼 수 있을 것이다.

부디 이 책이 당신에게 크나큰 복이 되기를, 천국의 계시가 당신의 전 존재를 온전히 휘감기를 소망한다!

하나님의 크신 사랑 안에서,

조슈아 밀즈 드림

Chapter 1
분위기에 대한 20가지 사실

―― *Atmosphere* ――

너희는 세상의 빛이라 산 위에 있는 동네가 숨겨지지 못할 것이요 사람이 등불을 켜서 말 아래에 두지 아니하고 등경 위에 두나니 이러므로 집안 모든 사람에게 비치느니라 이같이 너희 빛이 사람 앞에 비치게 하여 그들로 너희 착한 행실을 보고 하늘에 계신 너희 아버지께 영광을 돌리게 하라 (마 5:14-16)

당신이 조성한 분위기는 당신에게는 물론 하나님께도 중요하다. 하나님께서는 영광스런 분위기 안에서 당신을 창조하셨다. '태초'에서처럼 영광스럽고 초자연적인 영역 안에서 살아가는 것, 이것이 당신을 향한 하나님의 뜻이다.

위의 말씀을 통해 우리가 세상의 빛으로 부름 받았다는 사실을 알 수 있다. 그런데 우리 주변의 분위기가 이 빛(정체성)에 영향을 미친다. 그리고 연쇄적으로 우리가 발한 빛은 다른 사람에게 영향을 미친다. 사람들은 우리의 빛을 보고 하나님의 광대하심을 찬양하게 된다.

이 장에서 나는 분위기의 중요성을 이야기할 것이다. 당신이 어떤 분위기를 만드느냐에 따라 그것이 당신에게 이롭기도 하고, 해를 끼치기도 한다. 하나님께서 당신을 창조하신 본연의 목적대로라면, 당신은 축복과 생명과 기적의 분위기를 조성해내야 한다. 그렇다! 당신은 영광의 분위기를 만들어내기 위해 태어났다!

1. '창조'를 위해선 특별한 분위기가 필요하다.

걸작을 만들기 전, 예술가들은 먼저 창조성을 고조시킬 만한 분위기부터 조성한다. 작품 재료 준비는 물론 작업실에 적절한 조명과 음악을 세팅해둔다. 작가의 상상, 생각, 아이디어 등이 캔버스에 옮겨지려면 이 모든 장치가 제대로 구비되어야 한다.

분위기는 하나님의 창조 작업에도 중요했다. 걸작을 만드시기 전, 하나님께서는 말씀의 조명(빛)을 켜두셨다. 예수님께도 분위기는 중요했다. 마태복음 21장 12절을 보라. 환전상과 상인들로 가득한 성전의 왁자지껄한 분위기는 사람들의 영성을 저하시켰다. 그래서 예수님의 심기가 불편해졌다. 올바른 분위기가 조성되면 그에 맞는 상급이 따른다. "너는 기도할 때에 네 골방에 들어가 문을 닫고 은밀한 중에 계신 네 아버지께 기도하라 은밀한 중에 보시는 네 아버지께서 갚으시리라"(마 6:6).

2. 분위기는 열매를 결정짓는다.

열매는 씨앗과 토질(土質)의 영향을 받는다. 토양의 주변 환경은 씨앗이 자라기 위한 최적의 조건을 갖춰야 한다. "더러는 가시떨기에 떨어지매 가시가 자라 기운을 막으므로 결실하지 못하였고 더러는 좋은 땅에 떨어지매 자라 무성하여 결실하였으니 삼십 배나 육십 배나 백배가 되었느니라"(막 4:7-8).

3. 분위기는 결심에 영향을 미친다.

어떠한 분위기가 당신의 삶을 두르고 있든, 그 분위기는 결국 당신의 영과 혼과 육에 영향을 미칠 것이다. 적절한 분위기가 조성되면 천상의 영감과 지혜가 임할 것이다. 그러므로 그에 합당한 분위기를 조성하라. "네 몸의 등불은 눈이라 네 눈이 성하면 온 몸이 밝을 것이요 만일 나쁘면 네 몸도 어두우리라"(눅 11:34).

4. 영감 어린(기름부음이 임한) 음악은 고요, 평안, 안식의 분위기를 만들어낸다.

때때로 적절한 음악이 올바른 분위기를 만들어낸다. 어쩌면 분위기 조성을 위해 당신이 찾던 열쇠가 바로 음악일지도 모른다. 종종 우리가 제작한 CD가 어린이들의 집중력·창의력 향상 및 차분한 분위기 조성에 도움이 되었다는 이야기를 듣는다. 진료소, 병원 등에서 치유의 분위기를 고조시키기 위해 우리 음악을 사용하는 경우도 있다. 음악의 영향력은 참으로 놀랍다! "주는 나의 은신처이오니 환난에서 나를 보호하시고 구원의 노래로 나를 두르시리이다(셀라)"(시 32:7).

5. 분위기는 언제든 바뀔 수 있다.

영광의 분위기를 창조하기에 힘쓰라. 전신을 두장하고 견고히 서라. 정신을 차려라. 원치 않는 기생충의 습격을 막아라. "근신하라 깨어라 너희 대적 마귀가 우는 사자 같이 두루 다니며 삼킬 자를 찾나니"(벧전 5:8).

6. 외부환경이 내면의 분위기에 영향을 준다.

색깔이 당신의 감정 및 태도에 영향을 끼치곤 한다. 또한 주변의 영적 분위기가 당신의 영적 태도를 바꿀 수도 있다. 교제하는 친구로 인해 당신의 마음가짐과 행동이 바뀔 수도 있다. 때때로 인생의 성공과 실패가 당신의 교우(交友)관계에 따라 달라질 수 있다. 옛 어른들의 말처럼 "친구를 보면 그 사람을 알 수 있다." 이 말은 우리가 주변 환경의 영향을 받는다는 사실을 잘 설명해준다. 마약중독자를 친구로 둔 십대청소년 대다수는 마약중독자가 된다. 성공한 사업가를 멘토로 삼은 청년 중 사업에 성공하는 사람이 많다. 기름부음이 강한 사역자들과 어울리는 목회자들은 삶 가운데 하나님의 영광이 더욱 깊어지는 것을 체험하게 될 것이다.

> 모든 사람이 환경의 영향을 받는다.
> 그것은 매우 자연스러운 일이다.

역동적인 분위기를 창조하는 열쇠는 이것이다. "무언가 배울 수 있는 사람과 어울리라. 그들과 교제하는 방법을 배우라." "그날들을 마치고 돌아갈 때에 아이 예수는 예루살렘에 머무셨더라 그 부모는 이를 알지 못하고 … 사흘 후에 성전에서 만난즉 그가 선생들 중에 앉으사 그들에게 듣기도 하시며 묻기도 하시니"(눅 2:43, 46).

7. 내면의 분위기가 외부환경에 영향을 미친다.

이런 옛말이 있다. "무엇이든 들어가면 나오기 마련이다." 마음속 평안, 예수 그리스도와의 친밀감은 당신의 외부환경에 영향을 미친다. 이러한 이유로 우리는 주님과의 영적 동행에 몰두해야 한다. "독사의 자식들아 너희는 악하니 어떻게 선한 말을 할 수 있느냐 이는 마음에 가득한 것을 입으로 말함이라"(마 12:34).

8. 분위기가 성장을 좌우한다.

믿음은 '들음'에서 난다. 기름부음은 말씀에서 난다. 영적 성장은 하나님의 임재 안에 거할 때에야 가능하다. 온실이 야채, 과일, 식물의 성장 분위기를 완벽하게 조성해내듯, 하나님의 영광은 당신이 성장할 수 있는 최적의 분위기를 창조해낸다.

모든 씨앗은 성령의 신선한 강물을 머금어야 한다. 그리고 하나님의 영광의 빛을 쬐어야 성장한다. "이는 여호와의 집에 심겼음이여 우리 하나님의 뜰 안에서 번성하리로다"(시 92:13).

> 하나님의 영광이 성장의 발판을 마련한다.

9. 주변의 색깔이 감정의 장단점을 극대화한다.

당신에게 적합한 분위기를 만들어내라. 하나님께서 원하시는 사람으로 성장할 만한 분위기를 조성하라. 때때로 색깔은 당신의 마음을 집중시키거나 분산시킨다. "포도주는 붉고 잔에서 번쩍이며 순하게 내려가나니 너는 그것을 보지도 말지어다"(잠 23:31).

10. 자신에게 필요한 분위기는 오직 자신만이 결정할 수 있다.

당신에게 적합한 분위기를 창조해내기 위해 무엇이 필요한가? 이 질문을 통해 당신에게 무엇이 필요한지 분별해내라. 그리고 그것을 만들 수 있다면 만들고 추구하라. "하나님이 능히 모든 은혜를 너희에게 넘치게 하시나니 이는 너희로 모든 일에 항상 모든 것이 넉넉하여 모든 착한 일을 넘치게 하려 하심이라"(고후 9:8).

11. 분위기가 생산성을 결정짓는다.

소리, 색, 빛, 관계 등 환경적 요소가 당신의 목표달성 능력을 고조시킬 수도 있고, 저하시킬 수도 있다. 그러므로 효과적으로 또 성공적으로 일할 수 있는 환경을 조성하고, 좋은 방법이 있다면 배우라. "무슨 일을 하든지 마음을 다하여 주께 하듯 하고 사람에게 하듯 하지 말라"(골 3:23).

12. 찬양은 분위기를 변화시킨다.

찬양은 하나님을 향해 감사하는 마음가짐을 갖는 데 도움이 된다. 시편 기자인 다윗은 찬양의 기적에 대해 잘 알고 있었다. 그래서 그는 항상 자신의 입술에 찬양을 담기로 다짐했다. 하나님의 종 여호수아는 성벽을 허무는 찬양의 힘을 이해했다. 찬양은 수많은 전쟁을 승리로 이끌었다. 찬양이 깃들 때 마음속 소망은 꽃망울을 틔운다. 찬양을 통해 부정적인 상황이 긍정적으로 변화된다. "감사함으로 그의 문에 들어가며 찬송함으로 그의 궁정에 들어가서 그에게 감사하며 그의 이름을 송축할지어다"(시 100:4).

13. 올바른 분위기는 매우 귀한 가치가 있다.

올바른 분위기를 조성하기 위해 재정적 헌신을 감행했다면, 그것은 가장 큰 투자임에 틀림없다. 성공하는 사람은 투자를 할 줄 안다. 그들은 올바른 분위기가 조성되지 않을 경우, 기대했던 결과를 얻지 못한다는 사실을 잘 알고 있다.

> "
> 성공하는 사람은 올바른 분위기가 아니고서는
> 성공할 수 없음을 잘 안다.
> "

동기부여, 생산성, 창조성 등은 어떤 대가를 치르더라도 반드시 거머쥐어야 할 축복이다. "사람의 선물은 그의 길을 넓게 하며 또 존귀한 자 앞으로 그를 인도하느니라"(잠 18:16).

14. 분위기가 물질의 복을 결정한다.

당신의 재정 사용 원칙은 어떠한가? 인색한 태도는 가난의 분위기를 조성할 것이다. 하지만 관대하고 넉넉한 태도는 축복을 가져다준다. 후히 베푸는 삶에 크나큰 물질의 복이 따를 것이다. "구제를 좋아하는 자는 풍족하여질 것이요 남을 윤택하게 하는 자는 자기도 윤택하여지리라"(잠 11:25).

15. 좋은 관계는 좋은 분위기를 만든다.

주변에 성경을 믿고, 믿음으로 충만하고, 기적을 기대하는 사람들이 있다면 하나님의 영광을 갈망하는 분위기가 조성될 것이다. 이러한 이유로 성경은 이렇게 권면한다. "모이기를 폐하는 어떤 사람들의 습관과 같이 하지 말고 오직 권하여 그날이 가까움을 볼수록 더욱 그리하자"(히 10:25).

성도들 중 교제의 중요성을 깨닫지 못해 교회 출석을 중단한 사람이 많다. 혹은 동료 성도에게 상처를 받고 교회를 등진 사람도 있다. 기억하라! 이 세상에 완벽한 교회는 없다. 이 세상 어디에도 완벽한 사람이 존재하지 않기 때문이다.

그렇다고 교회를 등질 수는 없지 않은가? 지역 교회에 연결되고 여러 사람과 교제하는 것은 매우 중요하다. 특히 성도들이 당신과 마음이 같고 영성이 비슷하다면 그들과의 교제는 더더욱 중요하다. 왜냐하면 이러한 관계(기적의 관계)가 기적의 분위기를 조성하기 때문이다. "복 있는 사람은 악인들의 꾀를 따르지 아니하며 죄인들의 길에 서지 아니하며 오만한 자들의 자리에 앉지 아니하고"(시 1:1).

16. 기적을 위한 분위기 조성은 가능하다.

찬양할 때 승리의 분위기가 조성된다. 기도할 때 변화의 분위기가 조성된다. 예언이 선포되면 가능성의 분위기가 고조된다. 기대할 때, 그것을 실현할 수 있는 분위기가 조성된다.

초대교회의 성도들이 모인 마가의 다락방에는 초자연적인 분위기가 조성되었다. 그러한 분위기 속에 급하고 강한 바람처럼 성령께서 임하셨다. "오순절 날이 이미 이르매 그들이 다 같이 한 곳에 모이더니 홀연히 하늘로부터 급하고 강한 바람 같은 소리가 있어 그들이 앉은 온 집에 가득하며"(행 2:1-2).

17. 태도가 분위기에 영향을 미친다.

부정적인 태도는 갈등, 분열, 상실의 분위기를 창출한다. 게다가 부정적인 분위기는 성공의 숨통을 죈다. 반면, 긍정적인 태도는 생산성, 동기부여, 기적의 환경을 조성한다. 그러므로 마음의 태도를 주의하여 살피라. 하나님의 말씀과 성령이 당신의 삶에 임하시도록, 소망과 치유가 임하도록 마음을 열라. 소망은 당신의 그릇된 태도를 치유할 것이다. "너희는 유혹의 욕심을 따라 썩어져 가는 구습을 따르는 옛 사람을 벗어 버리고 오직 너희의 심령이 새롭게 되어"(엡 4:22-23).

18. 종교(종교의 영)는 분위기를 파멸시킨다.

종교의식과 제도는 당신의 삶 속에 하나님의 창조능력이 흘러드는 것을 가로막는다. 죽은 종교는 하나님의 은혜를 경멸한다. 예수 그리스도는 이러한 종교적 제의를 원하시지 않는다. 그분은 당신과 '살아 있는' 관계를 맺기 원하신다(이 점에 대해 더 알기 원하면 3장의 내용 중 종교의 영과 관련된 부분을 읽어보라). "죽은 자의 부활을 논할진대 하나님이 너희에게 말씀하신 바 나는 아브라함의 하나님이요 이삭의 하나님이요 야곱의 하나님이로라 하신 것을 읽어보지 못하였느냐 하나님은 죽은 자의 하나님이 아니요 살아 있는 자의 하나님이시니라"(마 22:31-32).

19. 하나님께서는 당신에게 특별한 분위기 조성을 맡기셨다. 당신은 이를 위해 창조되었다.

당신은 특별한 분위기를 조성하기 위해 태어났다. 영광의 분위기를 갈망하라. 이를 이루기 위해 최선을 다하라. 이제 곧 영광의 분위기가 익숙해질 것이다. 그러므로 영광을 추구하라. 하나님께서 역사하시어 그분의 영광이 당신의 삶에 골고루 닿기를 소망하라. "하나님이 모든 것을 지으시되 때를 따라 아름답게 하셨고 또 사람들에게는 영원을 사모하는 마음을 주셨느니라. 그러나 하나님이 하시는 일의 시종을 사람으로 측량할 수 없게 하셨도다"(전 3:11).

20. 하나님의 영광 속에는 삶을 송두리째 변화시킬 기름부음이 머문다.

영광에 닿은 것은 무엇이든 변화되기 마련이다. 사르밧의 과부가 마지막 한 줌의 밀가루와 한 방울의 기름으로 떡을 구워 엘리야 선지자에게 건넸을 때, 하나님의 영광이 그녀의 밀가루통과 기름병에 닿았다. 이후 밀가루통과 기름병에는 배가(倍加)의 기적이 임했다(왕상 17:7-16). 결혼식 피로연에서 시중드는 하인들이 예수님의 지침대로 순종했다. 그들이 무거운 돌항아리 여섯을 물로 가득 채웠을 때, 하나님의 영광이 그곳에 닿았다. 물을 떠서 연회장에게 갖다 주자 그 물은 포도주로 변했다(요 2:1-12). 당신이 성령의 역사에 자신을 내어드릴 때, 하나님의 영광이 당신의 영과 혼과 육에 닿을 것이다. 이후 당신의 삶을 송두리째 변화시킬 하나님의 영광이 임할 것이다. "아무 데나 예수께서 들어가시는 지방이나 도시나 마을에서 병자를 시장에 두고 예수께 그의 옷 가에라도 손을 대게 하시기를 간구하니 손을 대는 자는 다 성함을 얻으니라"(막 6:56).

Chapter 2

몸, 혼, 영

―― *Atmosphere* ――

평강의 하나님이 친히 너희를 온전히 거룩하게 하시고 또 너희의 온 영과 혼과 몸이 우리 주 예수 그리스도께서 강림하실 때에 흠 없게 보전되기를 원하노라 (살전 5:23)

하나님께서는 인간을 몸과 혼과 영을 지닌 존재로 창조하셨다. 인간은 '영'적인 존재이다. 또한 '혼'을 지니고 있다. 눈에 보이지 않는 영과 혼은 물리적 요소인 '육체' 안에 거한다. 이제 나는 영과 혼과 육에 대해 조금 더 자세히 설명하고자 한다. 그리고 이 세 가지 요소가 우리의 일상 속 분위기와 어떻게 결부되어 있는지도 이야기하겠다.

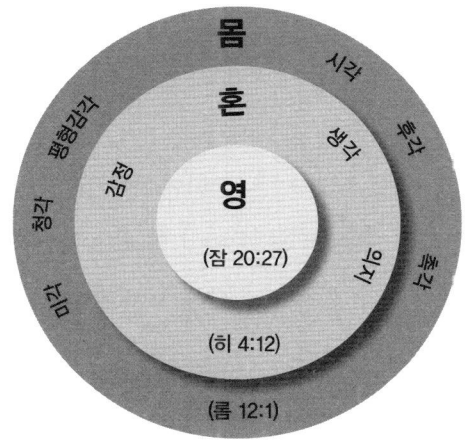

몸

몸은 당신이 이 땅에서 입어야 할 옷이다. 이 옷에 당신의 혼과 영이 담긴다. 성경은 당신의 몸을 가리켜 '하나님의 성전'이라고 말한다(고전 3:16). 이 땅에서 하나님의 사역을 감당하려면 몸을 돌봐야 한다. 이것이 성경의 가르침이다. "그러므로 형제들아 내가 하나님의 모든 자비하심으로 너희를 권하노니 너희 몸을 하나님이 기뻐하시는 거룩한 산 제물로 드리라 이는 너희가 드릴 영적 예배니라"(롬 12:1).

육체에는 시각, 후각, 촉각, 미각, 청각, 평형감각 등의 자연감각이 내재한다. 자연감각은 혼(생각, 의지, 감정 등)을 자극하기도

하고, 혼에 의해 자극되기도 한다. 만일 새로운 환경을 조성할 계획이 있다면, 인간의 감각이 물리적 환경에 반응한다는 사실부터 기억하기 바란다. 평온한 분위기가 조성되면 육체의 소요는 가라앉는다. 이후 당신의 혼과 영은 주님의 손길을 훨씬 더 쉽게 감지할 수 있을 것이다. 육체와 혼과 영이 연결되어 있기 때문이다.

하나님께서는 부흥을 원하신다. 어쩌면 우리는 부흥을 위해 존재하는 것인지도 모른다. 그렇다고 해서 수일 혹은 수주씩 부흥집회를 연장할 수는 없다. 내가 말하고자 하는 바는 바로 하나님께서 오랫동안 사람들과 만나기 원하신다는 것이다. 하지만 때때로 육체의 한계 때문에 하나님께서는 성령의 역사를 멈추셔야만 한다. 한 번 생각해보자. 덥고 습한 여름날, 야외에 쳐놓은 천막 안에서 오래된 나무의자 위에 몇 시간이고 앉아 있어야 한다면? 그것도 찬양과 예배, 설교, 기도사역 등이 길게 이어진다면? 아마도 가장 불편한 상황이 아닐까?

하나님께서는 그러한 장소에는 방문하지 않으시는가? 그렇지 않다. 하나님은 우리가 가장 불편해하는 곳에도 임재하신다. 과거에 나는 영광스러운 야외 천막집회를 수없이 경험했다. 집회 중 많은 사람들이 천국의 영광스런 터치를 맛보았다. 야외 천막집회 중 드라마와 같은 기적과 표적을 목격한 것도 여러 번 있다.

그렇다면 왜 평온한 분위기를 조성해야 한다는 말인가? 내가 힘주어 말하고 싶은 것은, 평온한 분위기를 조성할 때 우리의 몸과 혼이 쉼을 얻는다는 것이다. 이처럼 안락한 환경은 결국 우리의 영이 성령의 신선한 터치를 맛보는 데 도움이 된다. 안락한 분위기를 조성하는 궁극적 목적은 영혼을 윤택하게 하는 데 있는 것이다.

또 다른 예로서 집을 생각해볼 수 있다. 사람들은 성경을 읽고 기도하면서 주님과 교제하는 시간을 갖고자 한다. 그러나 집이 어질러져 앉을 자리조차 찾지 못한다면, 그런 집에서 평온이나 고요함은 꿈도 못 꾼다.

당신의 삶은 어질러져 있는가? 불편한가? 그렇다면 물리적 공간을 정리하는 것부터 시작해보라. 기나긴 영적 여정을 놓고 본다면, 안락한 공간을 만드는 것은 극히 사소한 부분이다. 하지만 그 결과는 결코 무시할 수 없다(이와 관련된 정보를 6장에 정리해 놓았다).

혼

혼은 우리의 생각, 의지, 감정이 자리하는 곳이다. 생명, 감정, 느낌, 생각, 행동의 본거지라고도 할 수 있다. 혼은 육체와도, 내면의 영과도 구별되는 특별한 개체이다. 히브리서에서 볼 수 있듯, 영과 혼에는 뚜렷한 차이가 있다. 물론 때때로 혼과 영은 혼동된다. 혼은 인간의 감정과 느낌을 관장하지만, 영은 성령과 연결되어 인간의 진정한 정체성을 드러낸다. "하나님의 말씀은 살아 있고 활력이 있어 좌우에 날선 어떤 검보다도 예리하여 혼과 영과 및 관절과 골수를 찔러 쪼개기까지 하며 또 마음의 생각과 뜻을 판단하나니"(히 4:12).

앞에서 육체의 안식과 영적 체험의 밀접한 상관관계에 대해 이야기했다. 그런데 혼 역시 영적 활동에 밀접하게 연관되어 있다. 성령께서 하시는 일에 우리의 영뿐만 아니라 감정이 반응한다는 점만 보아도 이 사실을 알 수 있다. 그러므로 혼(감정)의 소요를 잠재울 분위기가 조성된다면, 세미한 하나님의 음성을 듣는 데 도움이 될 것이다. 혼을 위한 분위기가 놀라운 영적 유익을 창출해 내는 것이다.

아래는 혼의 안정에 긍정적 혹은 부정적 영향을 끼치는 요소들의 목록이다.

- 소리 혹은 음악
- 색
- 빛
- 냄새 혹은 향기

영

영은 인간 존재의 핵심이다. 당신의 정체성을 관장하는 것은 당신의 영이다. 영은 육체의 죽음 이후에도 '생존'하며, 그 안에는 영적 지각(또는 양심)이 담겨 있다. 이러한 영의 기능 덕에 당신은 옳고 그름을 분별할 수 있다. 인간의 영은 '하나님의 일곱 영'(사 11:2)에 의해 잠에서 깬다. 하나님의 일곱 영은 '여호와의 영', '지혜의 영', '총명의 영', '모략의 영', '재능의 영', '지식의 영', 그리고 '여호와를 경외하는 영'이다. "사람의 영혼은 여호와의 등불이라 사람의 깊은 속을 살피느니라"(잠 20:27).

당신이 주님으로부터 무언가를 받는다면, 그 기능(주님으로부터 받는 역할)은 당신의 영이 담당한다. 당신의 영은 항상 하나님께 더 가까이 나아가길 갈망한다. 이처럼 당신의 영은 영원한 천국을 향해 손을 뻗고 있다. 그렇기 때문에 당신을 영적 여정에 올려놓는 것 역시 당신의 영이다. 당신은 영광으로부터 태어났다. 만일 당신의 영이 제대로 기능한다면, 당신은 영광을 위해 살아갈 것이고 결국 영광을 향해 나아갈 것이다. 하나님과의 온전한 연합을 향해서 말이다.

> **❝**
> 당신의 영은 주님을 향해 손을 뻗는다.
> 그리고 그분의 공급하심(impartation)을 얻는다.
> **❞**

주님께서 주신 것을 당신의 영이 받았다면, 그 효과는 영원토록 지속될 것이다. 이는 우리의 영이 죽지 않기 때문이다. 그러므로 이 땅에서 당신이 만들어내야 할 가장 중요한 환경이 있다면, 그것은 바로 '영적 분위기'일 것이다. 당신의 영은 주님으로부터 복을 받아낸다. 이처럼 영적 분위기는 초자연적 축복이 흘러내리는 통로 역할을 한다.

당신의 삶에 영광스런 분위기를 창조해낼 중요한 요소들은 다음과 같다.

- 예수 그리스도와의 관계(요 3:16)
- 하나님의 말씀(눅 4:4)
- 기도와 찬양의 개인 경건시간(마 6:6)
- 여러 성도와 함께 드리는 예배(히 10:25)

Chapter 3

기적을 위한
분위기 조성

Atmosphere

라오디게아 교회의 사자에게 편지하라 아멘이시요 충성되고 참된 증인이시요 하나님의 창조의 근본이신 이가 이르시되 내가 네 행위를 아노니 네가 차지도 아니하고 뜨겁지도 아니하도다 네가 차든지 뜨겁든지 하기를 원하노라 네가 이같이 미지근하여 뜨겁지도 아니하고 차지도 아니하니 내 입에서 너를 토하여 버리리라 (계 3:14-16)

당신의 영적 체온은 몇 도인가? 당신은 뜨거운가? 아니면 차가운가? 위의 말씀을 보면 하나님께서 수동적 영성을 싫어하신다는 사실을 알 수 있다. 하나님은 영적으로 미지근한 사람들에게 아무런 감명을 받지 못하신다. 하나님께서는 뜨겁게 불타오르는 신앙인들을 찾으신다. 그들이야말로 영광의 분위기 속에서 살아갈 방법을 알고 있기 때문이다.

과거에 나는 영적 온도계를 들고 다니면서 이 교회에서 저

교회로 적을 옮기는 신앙인들을 많이 만났다. 물론 그들의 의도가 불순한 것은 아니었다. 어쨌든 그들은 "오, 저기 있는 저 교회는 영적으로 굉장히 뜨겁습니다"라고 말하거나 "저 다을은 영적으로 차가우니 그곳에서 사역할 생각은 마십시오"라고 말하곤 했다. 그러나 주의하라. 하나님께서는 단 한 번도 당신에게 영적 온도계가 될 것을 명령하신 적이 없다. 성경 어디를 찾아봐도 특정 교회나 사람, 관계, 교단, 지역 등을 향해 비판을 가하라는 명령은 없다. 하나님께서는 단 한 번도 이런 명령을 내리신 적이 없다. 하나님은 당신을 '온도측정기'로 부르시지 않았다.

대신 하나님은 당신을 '온도조절기'로 부르셨다. 사전적 정의상, 온도조절기란 일정한 온도로 유지시켜 주는 시스템을 뜻한다. 물론 온도조절기는 외부의 온도를 측정한다. 그러나 온도를 측정하고 표시하는 것은 온도조절기의 주기능이 아니다. 온도조절기의 주된 기능은 환경(분위기)을 변화시키는 것이다. 또한 희망온도(종착역)를 설정한 후, 그 온도를 유지하는 것이 온도조절기의 역할이다. 만일 외부 온도가 낮으면 온도조절기가 작동하여 난방시스템이 가동되고 열이 발산된다. 그리고 희망온도가 될 때까지 기온이 올라간다.

많은 경우 우리는 다른 사람의 '차가운 신앙'을 질책하며 그들에게 경건한(?) 조언을 건넨다. 그러나 당신으로 하여금 다른 사람의 차가운 신앙을 감지하게 하신 하나님의 의도는 깨닫지 못한다. 그것은 사람들의 차가운 신앙을 질책하라는 부르심이 아니라, 그들의 신앙온도를 높이라는 부르심이다. 당신을 통해 그들의 온도가 높아지길 바라시는 하나님의 소망이다. 그러므로 이것은 부흥으로의 부르심이다. 아무도 부흥을 원하지 않는다면, 당신이 직접 부흥이 되라! 그 어느 누구도 하나님의 역사를 원치 않는다면, 당신이 하나님과 동행하라! 아무도 하나님의 영광을 발현하지 않는다면, 당신이 하나님의 선함을 드러내라. 이 땅에서 살아가는 동안 하나님의 영광 안에서 걸으라.

> **하나님께서는 희망온도를
> '부흥'에 맞추도록 우리를 부르셨다.**

혹 어쩔 수 없이 받아들여야만 하는 환경에 머물고 있다면, 그래서 항상 불평했다면, 더 이상 불평하지 말라. 대신 분위기를 바꾸기로 결심하라. 당신은 영적 온도조절기이기 때문에 스스로 온도를 조정할 수 있다. 당신의 환경을 기적의 분위기로 바꾸라.

하나님께서는 내게 영광 안에 머무는 방법을 알려주셨다. 그리고 이 계시를 다른 사람과 나눌 것을 명령하셨다. 하나님께서 하시는 일은 모두 우리의 라이프스타일과 연관되어 있다. 하나님은 우리의 삶을 변화시키기 원하신다.

우리는 '항상' 하나님의 놀라운 역사를 체험하며 살아야 한다! 아니, 아예 그 안에 머물러야 한다. 과거처럼 하나님의 놀라운 역사를 드문드문 체험하고 말 일이 아니다. 물론 과거엔 하나님의 기적 속으로 잠시 동안 방문하는 일이 빈번했다. 그러나 그러한 시절은 끝났다. 이제 천상에서의 삶(라이프스타일)이 우리 앞에 펼쳐질 것이다.

하나님은 당신을 영적 온도조절기로 부르셨다. 그러므로 당신은 그분의 부르심대로 지역사회, 도시, 나라의 영적 기온을 변화시켜야 한다. 당신에겐 '문자 그대로' 기온을 변화시킬 능력이 주어졌다. 하나님은 천국을 경험할 수 있는 자리로 우리를 이끌기 원하신다. 하나님은 우리가 더 높은 영광의 현장으로 나아가길 바라신다. 세상은 알 수 없는 그곳으로 말이다!

> **하나님은 당신을 온도조절기로 부르셨다**

> 기록된 바 하나님이 자기를 사랑하는 자들을 위하여 예비하신 모든 것은 눈으로 보지 못하고 귀로 듣지 못하고 사람의 마음으로 생각하지도 못하였다 함과 같으니라 오직 하나님이 성령으로 이것을 우리에게 보이셨으니 성령은 모든 것 곧 하나님의 깊은 것까지도 통달하시느니라 (고전 2:9-10)

하나님은 현재의 영광에서 미래의 영광으로, 현재의 능력에서 미래의 능력으로, 현재의 계시에서 미래의 계시로 당신을 인도하신다. 현재의 단계에 만족하고 그대로 머무는 것은 하나님의 뜻이 아니다. 다음 단계로 나아가기 위해 당신은 움직여야 한다. 어떤 사람은 움직이는 것 자체를 두려워한다. 미지의 세계가 두렵기 때문이다. 그러나 하나님께서 이끄시고 인도하신다면, 두려워할 이유가 없다.

'새로움'(The New)은 현재진행형이다. 이것은 마치 매일 아침마다 주님께서 새로운 자비로 우리를 만나주시는 것과 같다. 새로움은 하나님의 변치 않는 성품과 대치되는가? 아니다. 하나님은 변하지 않으신다. 다만 우리가 매일매일 하나님을 새롭게 알아갈 뿐이다. 아직 우리가 알지 못하는 하나님의 성품이 날마다 조금씩 계시되는 것이다. 날마다 우리는 자비와 은혜의 새로운 면모를 발견한다. 이것은 마치 깎은 보석의 각면(刻面)이 하나씩 드러나는 것 같다. 이처럼 우리는 매일같이 하나님의 새로운 성품과 마주한다. 하나님에 대한 새로운 사실들이 속속 계시된다.

하나님은 변하지 않으신다(변하는 것은 우리다). 변하지 않으시는 하나님께서 우리를 '새로움' 속으로 밀어넣으신다. 그렇게 우리는 '새로움' 속으로 걸어간다. '새로움'은 끊임없이 움직이고, 계속해서 걸어가는 우리들의 모습이다. '새로움'은 끊임없이 말하는 것이다. "주님! 우리의 눈을 열어 주소서. 우리의 눈으로 주님의 참 모습을 보게 하소서." 교회는 예수님을 구세주와 세례자, 치유자, 공급자로 알고 있다. 그러나 지금은 우리가 그분을 영광의 왕으로 알아야 할 때이다. 바꿔 말하면, 지금은 우리가 예수님의 모든 면모를 알아야 할 때인 것이다.

> 우리가 그를 힘입어 살며 기동하며 존재하느니라 (행 17:28)

하나님께서 당신에게 움직이라고 명령하신다. 찬양이 당신을 움직일 것이다. 아니, 움직이지 않고서는 찬양을 부를 수 없다. 진심으로 입을 열어 하나님을 찬양하기 시작할 때, 특별한 일이 일어난다. 찬양 중에 하나님께서는 현재의 상황과 환경, 역경과 고난으로부터 당신을 건져내신다. 그리고 그분의 임재 속으로 당신을 들이신다. 하나님의 임재, 그곳은 승리의 본거지이다. 그분의 임재 안에서 당신의 찬양은 승리의 함성으로 바뀐다. 당신의 찬양은 승리를 분출하는 믿음의 목소리이다. 온전한 승리를 거머쥘 때, 비로소 당신의 찬양은 영감 어린 승전가가 될 것이다. 그전까지 당신의 찬양은 짧을 수밖에, 짧지만 지루할 수밖에 없다.

지옥의 모든 권세가 엄습할 때, 당신이 할 수 있는 것은 아무것도 없다. 다만 그 옛날 바울과 실라처럼 고통의 한복판에 서서 조용히 찬양을 올려드리는 것뿐이다(행 16장). 짧은 찬양이 효과가 없다면 조금 더 길게 찬양하라. 아니, 그냥 계속 찬양하라. 찬양을 드리며 하나님의 임재 안으로 들어가라. 분위기가 바뀔 때까지 찬양을 멈춰서는 안 된다.

기억하라. 우리는 현재의 고통을 벗어나고자 찬양하는 것이 아니다. 하나님께서 인도해주실 최종목적지를 바라보기 때문에 찬양하는 것이다. 당신은 갈보리에서 어떤 대가가 치러졌는지 이해하는가? 십자가의 보혈로 완성된 승리의 참된 면모를 이해하는가? 그렇다면 당신은 온전한 찬양을 통해 그 모든 복을 얻게 될 것이다.

구원을 얻는 통로는 '믿음'이다. 믿음은 당신의 구원을 '현실화'시킨다. 믿음을 선포할 때, 당신의 마음에 구원에 대한 갈망이 생긴다. 이후 믿음 안에서 구원의 실체가 당신의 삶에 와 닿을 것이다. 당신의 삶이 믿음의 선포에 실릴 때, 진정한 찬양에 실릴 때, 당신의 삶은 천국의 주파수에 맞춰질 것이다.

> 기억하라.
> 우리는 현재의 고통을 벗어나고자 찬양하는 것이 아니다.
> 다만 하나님께서 인도해주실 최종목적지를 바라보기 때문에
> 찬양하는 것이다.

하나님께서 말씀하신다. "찬양은 분위기를 바꾸고, 예배는 변화된 분위기를 유지시켜 준다." 새로운 영역으로 이동하려면 '찬양'에서부터 시작하라. 찬양은 당신의 라이프스타일이 되어야 한다. 자신을 향해 이렇게 선포하라. "나는 찬양한다. 이것이 내가 해야 할 일이기 때문이다. 내 삶이 찬양이다."

더 이상 당신은 찬양에 대해 말만 할 수 없다. 찬양해야 할 때 입을 닫고 있을 수 없다. 찬양은 당신의 삶을 더 높은 차원으로 이끌 것이다.

> 온 땅이여 여호와께 즐거운 찬송을 부를지어다 기쁨으로 여호와를 섬기며 노래하면서 그의 앞에 나아갈지어다 … 감사함으로 그의 문에 들어가며 찬송함으로 그의 궁정에 들어가서 그에게 감사하며 그의 이름을 송축할지어다 (시 100:1, 2, 4)

하나님을 찬양함으로 당신의 속사람이 기뻐하고 흥분하기를 바란다. 찬양이 당신의 삶을 새로운 장소로 이끌 것이다. 찬양 중 당신을 둘러싼 모든 분위기가 변화될 것이다. 언제? 바로 지금! 당신이 이 책을 읽는 바로 지금, 하나님의 광대하심을 찬양하라. 그러면 당신의 환경이 변화되기 시작할 것이다. 변화의 현장을 목도하라! 바로 지금!

찬양은 분위기를 바꾸지만, 예배는 바뀐 분위기를 유지시켜 준다. 이것은 매우 중요한 계시이기 때문에 계속해서 상기해야 할 것이다. 일반적으로 교회는 영적 전쟁에 익숙하여 싸움과 갈등과 분쟁 조정에 능하다. 그래서 "우리는 분위기를 바꾸는 데 일가견이 있다"라고 흔히들 말한다. 하지만 분위기가 바뀌면 그들은 마치 모든 일이 끝난 양 자리를 뜬다. 이것이 현실이다. 그런데 정말 모든 일이 끝났는가? 그 다음 주, 다시 갈등과 싸움과 분쟁이 일어난다. "이런, 또 시작이군!" 그러면 다시 한번 영적 전쟁을 벌인다. 그렇게 싸우고 분위기가 바뀌면 자리를 떠나고, 또다시 싸우고 또 자리를 뜬다. 이것은 멈추지 않는 악순환이다.

상황부터 제대로 정리해보자. 무엇보다 먼저 이 사실을 기억하라. 전쟁은 당신에게 속하지 않았다. 전쟁은 하나님의 것이다. 당신은 전쟁이 아닌 영광의 영역으로, 예배의 자리로 나아가야 한다. 영광의 영역에 들어서면, 우리는 전쟁(warfare)을 떠나 예배(worship)의 자리로 나아갈 수밖에 없다. 영광의 자리에서 전쟁을 치를 수는 없다.

찬양은 분위기를 바꾼다. 이후 우리는 예배를 통해 그 분위기를 유지하게 된다. 변화된 분위기가 지속될 때, 드디어 새로운 기온, 새로운 온도가 창출된다. 이처럼 새로운 분위기가 지속될 때, 새로운 문화가 창출된다. 그리고 사람들은 그 문화에 반응하기 시작한다.

수년 전, 나는 아내와 함께 미국의 사우스 캘리포니아와 캐나다에 선교회 사무실을 열었다. 사우스 캘리포니아에 소재한 우리 집과 사무실 근처에는 팜스프링스의 휴양 오아시스가 있다. 그곳의 경치는 그야말로 장관이다. 팜스프링스의 날씨는 항상 맑다. LA 동쪽의 코첼라 계곡 근방이라 그런지 늘 쾌적한 기후다. 팜스프링스는 연중 무려 354일이나 '날씨 맑음'이다! '우천'은 굉장히 드물고 이상한 사건이다. 그래서인지 비오는 날, 모든 상점은 문을 닫고 사람들도 일찍 퇴근한다. 심지어 도로에서 자동차를 보기가 힘들 정도다. 맑은 날씨 덕에 이 지역엔 어림잡아 125구역 정도의 골프코스가 있다. 반면, 대형 야외수영장을 갖춘 리조트호텔은 적다. 또한 맑은 날씨 때문에 야외활동 문화가 발전하여 쇼핑 및 고급 레저산업은 고전을 면치 못한다.

아내와 나는 그곳에서 정말 '끝내주는' 날씨를 즐긴다. 겨울에도 온화한 기후를 만끽할 수 있다. 팜스프링스는 살고, 일하고, 휴식하기에 제격이다. 우리는 야외에서 식사하고 놀았고, 심지어 야외에서 일하기도 한다. 이 책을 쓰고 있는 지금도 나는 뜰에 앉아 온 몸으로 햇볕을 쬐고 있다. 글을 쓰다 잠시 고개를 들면 야자수로 둘러싸인 샌저신토 산의 장관이 눈에 들어온다. 집 앞의 오렌지 나무에서 풍겨나는 시큼한 향기는 상쾌한 기분을 한층 더 돋운다.

사우스 캘리포니아의 다른 여러 지역도 온화한 기후의 영향을 받는다. 이곳은 기후로 인한 독특한 문화가 발달했는데, 주로 해변문화, 서핑문화가 강세이다. 수많은 산책로가 생겨났고, 그 덕에 다양한 스포츠산업 및 건강문화가 발전했다. 신선한 과일과 야채는 이곳의 특별한 건강문화에 일조한다. 당신도 잘 알듯 기후는 지역의 고유한 문화를 창출해낸다.

그러나 캐나다는 전혀 다르다. 그곳은 추운 날씨로 인해 주로 겨울문화가 강세이다. 하키, 아이스 스케이팅, 스키, 설화(雪靴, snow shoe) 경보 등 캐나다는 다양한 겨울 활동으로 유명하다.

캐나다에서는 남서부의 브리티시컬럼비아 랭리에 거주한다. 그곳의 기후는 캐나다의 다른 지역보다 비교적 온화하여 겨울에도 따뜻한 편이다. 눈도 별로 안 오고, 기온도 영상 5도 이하로 떨어진 적이 거의 없다. 그러나 주변의 풍경은 다르다. 비록 먼 곳에 있지만, 산들은 온통 눈으로 뒤덮여 있다. 우리 사무실은 세계적으로 유명한 휘슬러타운에서 얼마 멀지 않은 곳에 있다. 휘슬러는 전 세계 곳곳에서 스키를 타기 위해 사람들이 몰려오는 곳이다. 추운 날씨가 그곳만의 독특한 문화를 창출해낸 것이다.

우리 가족은 전 세계를 여행하며 각 지역의 독특하고 흥미로운 문화를 체험했다. 캐나다령 북극에서 이글루를 짓고 영하 53도의 추운 밤을 보내는가 하면, 지구 최남단의 뉴질랜드 와이토모 동굴에서 개똥벌레의 유충들이 빛을 발하는 광경을 목격하기도 했다. 코끼리를 타고 스리랑카의 정글을 지나기도 하고, 브라질의 열대우림 속에서 원주민들과 신선한 커피를 나눠 마시기도 했다. 이 모든 지역에서 발견한 공통점은 모든 사람이 저마다 독특한 문화를 발전시켰다는 것이다.

자연계에선 기후가 사람들의 의식주에 영향을 미친다. 기후가 그들의 문화를 형성한다는 뜻이다. 반면 초자연계에서 하나님은 우리가 찬양으로 영적 분위기를 바꾸길 원하신다. 그리고 예배를 통해 그 분위기를 유지해나가길 바라신다. 분위기가 일정하게 유지되면 새로운 기온이 형성되고, 새로운 기온은 곧 새로운 문화 창출로 이어지기 때문이다.

그동안 교회 안에는 '종교'라는 문화가 깊게 자리하고 있었다. 그런데 종교는 성령의 역사를 방해하고 혼동을 조장해왔을 뿐이다. 이러한 사실에 나는 마음이 아프다. 종교라는 문화는 고통을 빚는다. 형제자매 간의 분열을, 심지어 교회와 지역사회의 분열을 조장한다. 그래서 종교라는 문화는 결국 혼동의 문화로 이어졌다.

> **❝**
> 교회 안에 자리한 종교의 문화는 단지 혼동을 조장했고
> 성령의 사역을 방해했을 뿐이다.
> **❞**

고린도전서 14장 33절에서 볼 수 있듯 혼동은 원수에게서 기

인한다. 종교는 교회 안에서 선한 열매를 맺지 못한다. 그 이유는 하나님이 종교적 신봉 대상이 아니기 때문이다.

종교의 영에 관한 7가지 사실

1. 종교의 영은 "아무리 노력해도 너는 부족하다"라고 말한다.

아무리 열심히 노력하고, 아무리 많은 일을 성취해도 종교의 영은 당신에게 동일한 말을 건넬 것이다. "여전히 부족하군!" 원수는 언제든 당신에게서 자신감을 앗아가려 할 것이다. 그러므로 주님이 주시는 온전한 자신감을 붙들어야 한다. "말씀이 길 가에 뿌려졌다는 것은 이들을 가리킴이니 곧 말씀을 들었을 때에 사탄이 즉시 와서 그들에게 뿌려진 말씀을 빼앗는 것이요"(막 4:15).

2. 종교의 영은 죽도록 일하게 만든다.

종교의 영은 다음과 같은 말로 속인다. "너는 예수님과 친밀해지기 위해 충분히 노력하지 않았어. 그러니까 그분과 더 가까운 관계로 발전할 수 없지." 하지만 당신이 예수님과 친밀한 관계를 맺는 유일한 방법은 그분의 은혜가 얼마나 놀라운지를 이해하는 것뿐이다. 주님과의 친밀함은 당신의 노력 여하에 달려 있지 않다.

하나님은 당신을 사랑하신다. 이 세상 그 어느 것도 이 사실을 바꿀 수는 없다. 당신은 하나님의 은혜를 벌(earn) 수 없다. 노력을 기울여 그분의 은혜를 살 수도 없다. 하나님의 사랑은 '선물'이다. 예수 그리스도께서 갈보리 십자가에 달려 보혈을 흘리셨을 때, 이미 그 사랑의 선물이 제공되었다. "사람이 의롭게 되는 것은 율법의 행위로 말미암음이 아니요 오직 예수 그리스도를 믿음으로 말미암는 줄 알므로 우리도 그리스도 예수를 믿나니 이는 우리가 율법의 행위로써가 아니고 그리스도를 믿음으로써 의롭다함을 얻으려 함이라 율법의 행위로써는 의롭다함을 받을 육체가 없느니라"(갈 2:16).

3. 종교의 영은 거짓 참소를 퍼붓는다.

종교의 영이 수치심의 화살을 쏠 때, 당신은 수치심과 죄책감, 불결함을 느낀다. 종교의 영에 눌린 경우, 성령께서 선사하시는 참 자유를 체험할 수 없다. "내가 또 들으니 하늘에 큰 음성이 있어 이르되 이제 우리 하나님의 구원과 능력과 나라와 또 그의 그리스도의 권세가 나타났으니 우리 형제들을 참소하던 자 곧 우리 하나님 앞에서 밤낮 참소하던 자가 쫓겨났고"(계 12:13).

4. 종교의 영은 창조성을 말살한다.

역사를 살펴보면, 종교의 영이 교회 안에 잠입할 경우 창조성과 예술적 능력은 사라져 버리고, 꿈들은 파괴된다는 사실을 알 수 있다. 성령님은 창조하시는 분이다. 그리고 우리는 하나님의 형상대로 창조되었다(창 1:27). 창세기 1장은 하나님의 창조 장면을 그리고 있다. 하나님은 하늘과 땅을 창조하셨다. 하지만 그분의 창조 행위는 하늘과 땅의 창조에서 멈추지 않았다. 그분은 지금도 창조하신다. 자기 백성을 통해 오늘도 창조의 역사를 펼치신다(엡 2:10).

> "
> 하나님은 지금도 자기 백성을 통해 창조의 능력을 발하신다.
> "

영광의 성령께서 우리에게 꿈과 환상을, 창조의 능력과 문제 해결 능력을 주신다. 그분이 주시는 능력으로 우리는 새로운 목표를 성취할 수 있다. 예수님이 해결책이시다! "하나님의 영을 그에게 충만하게 하여 지혜와 총명과 지식으로 여러 가지 일을 하게 하시되 금과 은과 놋으로 제작하는 기술을 고안하게 하시며 보석을 깎아 물리며 나무를 새기는 여러 가지 정교한 일을 하게 하셨고"(출 35:31-33).

5. 종교의 영은 영적 성장을 방해한다.

성장이 멈추면 그때부터 죽음의 과정이 시작된다. 이것은 종교의 영에 사로잡힌 수많은 성도들의 안타까운 현실이다(마 23:12). 종교의 영은 스스로를 '전지한 신', '모든 것을 소유한 신', '모든 목적을 성취한 신'으로 가장(假裝)한다. 반면 참되고 겸손한 영은 모든 것을 아시고 모든 것을 소유하시며 모든 것을 이해하신 영광의 성령께 두 손을 든다. "사람이 교만하면 낮아지게 되겠고 마음이 겸손하면 영예를 얻으리라"(잠 29:23).

6. 종교의 영은 생산성, 영향력, 능력을 제한한다.

종교의 영과 관련하여 나는 다음의 사실을 발견했다. 종교의 영은 항상 비효율적이고 열매 없는 일에 시간과 에너지를 낭비

시킨다. 교회 안에 이러한 일이 얼마나 많이 일어나는가? 고귀한 성도들이 종교적 헛소리에 마음을 잃고, 예수 그리스도의 지상명령을 놓치기 일쑤다. 잃은 영혼을 건지고, 병자를 치우하고, 갇힌 자를 자유케 해야 할 성도들이 쓸모없는 종교적 겉치레에 투입되는 것이다. 우리는 우선순위를 올바로 세워야 한다. 먼저 할 일을 먼저 하라. "너희는 열매 없는 어둠의 일에 참여하지 말고 도리어 책망하라"(엡 5:11).

7. 종교의 영은 반역의 영이다.

종교의 영은 하나님께서 완수하신 은혜의 사역에 반기를 든다. 또한 영광스런 성령의 역사를 거스른다. 종교의 영은 지금껏 예수 그리스도와 그의 가르침에 저항해왔으며, 지금도 반항하기는 마찬가지이다. "이는 거역하는 것은 점치는 죄와 같고 완고한 것은 우상에게 절하는 죄와 같음이라"(삼상 15:23).

영광의 문화 창조하기

오늘, 하나님께서는 찬양으로 분위기를 바꾸고 예배로 변화된 분위기를 유지하라고 명령하신다. 찬양은 현재의 분위기를 예배의 분위기로 바꾼다. 이어 예배의 분위기는 새로운 기온을 만들어내고, 새로운 기온은 결국 새로운 문화를 창출해낸다. 이때 새롭게 창출되는 문화는 종교의 문화가 아니라 영광의 문화이다. 영광의 문화는 기적의 환경을 조성한다. 이와 관련하여 다음의 3가지 사실을 기억하라.

1. 기적을 위한 분위기 조성은 선택사항이어야 한다.

만일 당신이 생명을 선택하면, 당신은 기적을 위한 분위기 안에서 복된 삶을 살아가게 된다. 그러나 만일 당신이 죄의 길을 걷기로 선택하면, 저주의 속임수가 당신을 뒤따를 것이다. 하나님께서는 모든 성도가 생명의 능력을 선택하길 바라신다. 생명의 능력은, 믿음으로 하나님의 은혜를 추구할 때에만 얻을 수 있다. 그러므로 믿음을 붙들고 기적의 분위기를 조성하기로 선택하라. "내가 오늘 하늘과 땅을 불러 너희에게 증거를 삼노라 내가 생명과 사망과 복과 저주를 네 앞에 두었은즉 너와 네 자손이 살기 위하여 생명을 택하고"(신 30:19).

2. 어떤 분위기를 추구하든 그것을 얻게 될 것이다.

당신이 천국에 초점 맞출 때, 천국이 당신에게 초점을 맞출 것이다. 기적의 하나님을 추구할 때, 하나님께서 베푸시는 기적을 목도하게 될 것이다. "하나님을 가까이하라 그리하면 너희를 가까이하시리라 죄인들아 손을 깨끗이 하라 두 마음을 품은 자들아 마음을 성결하게 하라"(약 4:8).

3. 기적을 위한 분위기가 조성되면, 측량할 수 없는 복이 삶을 채울 것이다.

성령님께는 한계가 없다. 영광의 성령님과 동행하고, 성령께서 기적을 행하시도록 허락해드리라. 그러면 당신이 목도하고 이루게 될 것에 있어서 한계가 없어진다. "예루살렘에 있는 양문 곁에 히브리말로 베데스다라 하는 못이 있는데 거기 행각 다섯이 있고 그 안에 많은 병자, 맹인, 다리 저는 사람, 혈기 마른 사람들이 누워 물의 움직임을 기다리니 이는 천사가 가끔 못에 내려와 물을 움직이게 하는데 움직인 후에 먼저 들어가는 자는 어떤 병에 걸렸든지 낫게 됨이러라"(요 5:2-4).

어떻게 영적인 문화를 세워나갈 수 있는가?

당신의 육체적·감정적 분위기에 강력한 영향을 미치는 5가지 요소가 있다. 그것은 소리, 색, 빛, 정리정돈, 관대함이다. 각각의 요소에 대해서는 차차 설명하기로 하고, 먼저 영적 분위기를 조성하는 데 도움이 되는 주요 키포인트부터 살펴보겠다. 영적 분위기는 기적의 전제조건이다. 영적 분위기가 조성되면, 기적은 계속해서 당신의 삶을 두를 것이다.

1. 매일 하나님께서 개입하실 공간(여지)을 만들라.

하나님의 가장 큰 소망은 매일 당신과 교제하시는 것이다. 하나님과의 교제가 얼마나 유익한지, 평생의 지혜를 한데 모아도 하나님의 말씀 한 마디에 미치지 못한다. 인간의 지혜로 삶을 변화시킨다 한들 그것이 어찌 하나님의 말씀에 의한 삶의 변화만 하겠는가? 하나님의 터치는 우리 삶의 모든 영역에 혁신을 불러온다. 그분의 영광을 흘낏 보는 것만으로도 당신의 시각은 놀랍게 변화될 것이다. 전에는 꿈조차 꿔보지 못한 일들이 '가능성'을 내비치기 시작한다. 기도와 찬양, 말씀 묵상을 통해 매일 하나님께서 개입하실 공간을 만들어드리라. "주의 궁정에서의 한 날이 다른 곳에서의 천 날보다 나은즉 악인의 장막에 사는 것보다 내 하나님의 성전 문지기로 있는 것이 좋사오니"(시 84:10).

2. 원수를 대적하라.

우리가 영혼의 원수를 대적하면 그는 도망칠 수밖에 없다. 이것은 성경의 말씀 그대로다. 기억하라. 자유는 선택의 결과이다! 당신의 삶 가운데 하나님의 영광이 증가하는 것을 보고 싶다면 하나님을 선택하라. 그분의 선하심에 집중하라. 그리고 원수의 유혹을 대적하라. "너희는 믿음을 굳건하게 하여 그를 대적하라 이는 세상에 있는 너희 형제들도 동일한 고난을 당하는 줄을 앎이라"(벧전 5:9).

3. 믿음으로 기적의 영역에 들어가기를 선택하라.

믿음은 산을 옮기고 장애물을 제거해낸다. 믿음은 초자연적 능력을 자연계로 끌어내린다. 그러므로 믿음을 품고 하나님을 찬양하라. 믿음으로 성경을 읽으라. 믿음으로 하나님께 재정을 내어드리라. 믿음이 없으면 하나님을 기쁘시게 할 수 없다. 그러나 믿음을 가지면 당신은 천국의 상급을 받게 된다. "또한 그로 말미암아 우리가 믿음으로 서 있는 이 은혜에 들어감을 얻었으며 하나님의 영광을 바라고 즐거워하느니라"(롬 5:2).

4. 하나님의 말씀이 삶 가운데 살아 역사하길 기대하라.

하나님의 말씀을 알라. 하나님의 말씀을 믿으라. 당신의 삶과 행동 가운데 그분의 말씀이 온전히 드러나길 기대하라. 성경에 기록된 것과 동일한 기적들이 당신의 삶 가운데 일어나길 기대하라. 예수 그리스도는 어제도, 오늘도, 그리고 앞으로도 영원토록 동일하시다! "하나님의 말씀은 살아 있고 활력이 있어 좌우에 날선 어떤 검보다도 예리하여 혼과 영과 및 관절과 골수를 찔러 쪼개기까지 하며 또 마음의 생각과 뜻을 판단하나니"(히 4:12).

5. 하나님께서 삶에 필요한 변화를 일으키시도록 자신을 내어드리라.

변화를 거부하지 말라. 대신 하나님께서 새로운 습관, 새로운 일상, 새로운 임무, 새로운 사고구조를 창조해주시길 기대하라. 하나님께 자신을 내어드리라. 하나님께서는 당신이 영광 가운데 승리하며 살아가기를 바라신다. "그러므로 너희가 회개하고 돌이켜 너희 죄 없이 함을 받으라 이같이 하면 새롭게 되는 날이 주

앞으로부터 이를 것이요"(행 3:19).

6. 승리를 기뻐하라. 승리에 집중하라.

오늘 당신의 삶에 돌파구를 열어주신 하나님을 찬양하라. 당신이 경험한 승리를 감사하며 기뻐하라. 현재의 승리는 작아 보인다. 하지만 하나님의 역사에 집중하면 그 승리는 점점 커질 것이다. 문제에 집중하지 말라. 문제를 묵상하며 기도하는 대신 하나님을 찬양하라. 하나님께서 주실 승리를 생각하며 그분을 기뻐하라. 그러면 승리가 당신의 삶을 압도할 것이다. "우리 주 예수 그리스도로 말미암아 우리에게 승리를 주시는 하나님께 감사하노니"(고전 15:57).

7. 하나님의 영광을 체험하기 전에는 절대로 중요한 결정을 내리지 말라.

하나님의 영광은 삶의 방향을 제시하고, 성공과 축복을 선사한다. 그러므로 모든 중요한 결정사항을 하나님께 맡기라. 하나님께서 당신에게 온전한 평안과 더불어 해답을 주실 것이다. '좋은 아이디어'(Good Idea)와 '하나님의 아이디어'(God Idea)의 차이는 성공과 실패의 차이만큼이나 크다. 인간의 아이디어는 실패할 수 있으나 하나님의 아이디어는 항상 성공한다. "그가 내게 간구하리니 내가 그에게 응답하리라 그들이 환난 당할 때에 내가 그와 함께 하여 그를 건지고 영화롭게 하리라 내가 그를 장수하게 함으로 그를 만족하게 하며 나의 구원을 그에게 보이리라 하시도다"(시 91:15-16).

이 책을 읽는 동안 당신의 내면에서 무언가가 꿈틀대는 것이 감지되는가? 이 새로운 계시가 열릴 때 주변의 분위기가 급변하는 것을 느끼는가? 하나님께서는 당신의 심장에 영광의 계시를 붓고자 하신다. 나는 성령 안에서 이 사실을 깨달았다.

당신은 주변 사람들에게 하나님의 영광을 나타낼 사람이다. 당신은 이 땅에서 영광의 출입구 역할을 하게 될 것이다. 당신의 영향력이 닿는 모든 곳마다 하나님의 위대한 역사를 흘려보낼 것이다. 그렇다. 당신은 이 땅 위에 이적과 표적과 기사를 나타낼 사람이다. 당신은 영광의 분위기를 창출해내며, 기적을 위한 적절한 온도를 만들어낼 것이다.

Chapter 4
소리와 빛

―――― *Atmosphere* ――――

홀연히 하늘로부터 급하고 강한 바람 같은 소리가 있어 그들이 앉은 온 집에 가득하며 마치 불의 혀처럼 갈라지는 것들이 그들에게 보여 각 사람 위에 하나씩 임하여 있더니 (행 2:2-3)

신약에 기록된 마가의 다락방 이야기를 살펴보자. 성령께서 임하셨을 때, 그 임재의 소리와 빛이 엄청난 능력을 발산하며 그곳의 분위기를 새롭게 바꾸었다. 하나님의 위대한 바람 소리, 타오르는 불꽃의 광선이 모든 사람에게 닿았다. 모두가 성령으로 충만해지자 그곳의 분위기가 바뀌었다.

영적으로 볼 때, 소리와 빛은 연결되어 있다. 우리는 이 사실을 성경에서 확인할 수 있다. 태초에 하나님께서 말씀(소리)하시자 그 즉시 빛이 창조되었다(창 1:3). 이것만 보아도 알 수 있지 않은가? 소리와 빛은 당신의 영혼에 강력한 영향을 미친다. 다음의 성경구

절들을 생각해보자.

죽고 사는 것이 혀의 힘에 달렸나니 혀를 쓰기 좋아하는 자는 혀의 열매를 먹으리라 (잠 18:21)

그가 빛 가운데 계신 것 같이 우리도 빛 가운데 행하면 우리가 서로 사귐이 있고 그 아들 예수의 피가 우리를 모든 죄에서 깨끗하게 하실 것이요 (요일 1:7)

악인은 입술의 허물로 말미암아 그물에 걸려도 의인은 환난에서 벗어나느니라 (잠 12:13)

이같이 너희 빛이 사람 앞에 비치게 하여 그들로 너희 착한 행실을 보고 하늘에 계신 너희 아버지께 영광을 돌리게 하라 (마 5:16)

사람은 입의 열매로 인하여 복록을 누리거니와 마음이 궤사한 자는 강포를 당하느니라 (잠 13:2)

입과 혀를 지키는 자는 자기의 영혼을 환난에서 보전하느니라 (잠 21:23)

영계에서만이 아니라 자연계에서도 소리와 빛은 깊이 연결되어 있다. 소리와 빛은 당신의 몸과 생각에 깊은 영향을 미치는 실질적인 창조 요인이기도 하다.

1. 소리에는 신체 치유의 능력이 있다.

고음(高音)은 중추신경계와 밀접한 관계가 있다. 반면 저음(低音)은 혈액 및 체내순환계와 관계가 있다. 평온한 음악은 스트레스를 완화시킨다. 이는 이미 의학적으로 증명된 사실이다. 평온한 음악을 들을 때, 우리의 신체는 스스로 질병 증상을 완화시킬 수 있다. 심지어 음악을 들을 때 통증이 사라지는 경우도 있다. 신경안정제보다 음악을 통한 치료효과가 4~8배 정도 높다는 사실도 이미 연구를 통해 밝혀진 바 있다. 음악에는 스트레스를 완화시키고, 혈압을 낮추고, 수면의 질을 개선하며, 긴장을 풀어주는 효능이 있다. 그리고 그 효과는 신경안정제보다 훨씬 더 탁월하다.

옛날 사람들도 정신질환 치료 및 극심한 우울증 개선에 음악이 효험 있다는 사실을 믿었다. 성경에도 이러한 예가 기록되어 있다. 사악한 영이 사울 왕에게 임하여 그의 몸과 혼과 영을 공격했다. 그러자 사울 왕은 신체적·감정적·영적 고통을 호소했다. 그

때 다윗이 수금을 연주했고, 그 소리에 사악한 영은 사울을 떠났다. "하나님께서 부리시는 악령이 사울에게 이를 때에 다윗이 수금을 들고 와서 손으로 탄즉 사울이 상쾌하여 낫고 악령이 그에게서 떠나더라"(삼상 16:23).

2. 올바른 빛의 사용은 특정한 분위기를 창출한다.

인테리어 디자인과 관련하여 조명의 선택과 배치는 시각적 안정만이 아니라 특정한 감정을 고조시키기 위해서도 고안된다. 쉽게 말해 조명으로 특정 분위기를 연출하고, 그 분위기를 통해 사람들로부터 특정한 반응을 유도할 수 있다는 뜻이다.

빛은 인간의 혼을 요동시킨다. 조도(照度)의 고저를 적절히 이용하면 즐거움을 유도할 수 있다. 때때로 밝은 빛은 사람의 마음에 경각심을 일으키기도 한다. 또한 밝은 빛을 쬘 때, 사람들의 마음에는 '활동'의 욕구가 일어난다. 반면 어두운 빛은 평온, 정적, 긴장완화, 친밀함의 분위기를 창출해낸다. "여호와는 나의 빛이요 나의 구원이시니 내가 누구를 두려워하리요 여호와는 내 생명의 능력이시니 내가 누구를 무서워하리요"(시 27:1).

3. 감정은 소리의 영향을 받는다.

음악을 인식하는 뇌의 특정 부위는 감정을 관장하는 뇌의 부위와 긴밀하게 연결되어 있다. 느린 비트의 음악은 뇌파의 활동을 저하시키며 긴장을 완화시킨다. 반면 빠른 비트의 음악은 뇌를 자극하여 활성화시킨다. 연구 결과에 의하면, 헤비메탈을 틀어놓았을 때 개미들이 평상시보다 4배나 빨리 나무를 갉아먹었다고 한다. 빠른 음악에 개미의 활동이 자극된 것이다.

4. 특정한 빛이 창조성을 자극한다.

특정 형태의 빛이 상상력을 활성화시킨다는 연구 결과가 있다. 빛나는 금속, 발광하는 크리스털 프리즘, 그리고 표면이 매끈한 반사체 등은 실내 분위기를 한층 밝게 해준다. 밝은 빛에 노출될 때, 우리의 상상력은 작동하기 시작한다.

모든 발광체 중 가장 놀라운 것은 태양이다. 태양빛이 수정과 같은 호수를 비출 때, 황홀한 풍경이 연출된다. 살포시 쌓인 첫눈, 그 위를 비추는 태양빛은 정말 눈이 부시도록 아름답다. "내 이름을 경외하는 너희에게는 공의로운 해가 떠올라서 치료하는 광선을 비추리니 너희가 나가서 외양간에서 나온 송아지 같이 뛰리라"(말 4:2).

5. 말이 현실이 된다.

당신의 환경을 향해 선포하라! 생명의 말씀을 선포하라. 치유의 말씀을 되뇌어라. 용기와 기대, 격려로 가득한 말들을 입 밖으로 내라. 성경은 말을 조심하라는 경고의 메시지로 가득하다. 우리가 내뱉는 말이 현실화되기 때문에, 성경은 입 박으로 말을 내뱉기 전에 항상 주의할 것을 명령한다(시 141:3, 잠 12:13, 잠 13:3).

예수님께서는 그분의 말씀이 '영과 생명'임을 알려주셨다(요 6:63). 당신이 뱉은 모든 말의 배후에는 '창조하는 힘'이 도사리고 있다. 당신이 말한 대로, 그대로 이뤄지는 경우가 많다는 뜻이다. 그러므로 어떤 말을 할지 주의하여 선택하라. 그 말은 씨앗이다. 이제 당신은 과거에 당신이 내뱉은 말 그대로 자라난 열매를 거두게 될 것이다. "이런, 정말 말이 씨가 되었네!"라며 감탄하지도, 놀라지도 말라. 그저 뿌린 대로 거둔 것뿐이니 말이다. "내가 너희에게 이르노니 사람이 무슨 무익한 말을 하든지 심판 늘에 이에 대하여 심문을 받으리니 네 말로 의롭다 함을 받고 네 말로 정죄함을 받으리라"(마 12:36-37).

6. 무지개의 일곱 색깔은 모두 '빛'에 담겨 있다.

과학적 연구 결과에 의하면, 백광(白光)은 수많은 가시색광(色光)의 동일 비율 혼합체이다. 수많은 색 광선을 동일 비율로 섞으면 백광이 된다는 뜻이다. 하나님의 빛은 영광스런 색광이 동일하게 혼합된, 가장 순결한 형태의 빛이다. 영광의 색광에는 우리가 잘 아는 색깔의 빛도 포함되지만, 우리가 전혀 보지 못한 색깔의 빛도 포함된다.

색깔은 우리의 감정과 신체건강에 영향을 미친다. 이러한 사실에 놀라지 말라. "예수께서 또 말씀하여 이르시되 나는 세상의 빛이니 나를 따르는 자는 어둠에 다니지 아니하고 생명의 빛을 얻으리라"(요 8:12).

7. 음악이 예언적 분위기를 조성하기도 한다.

구약의 열왕기하에 이런 기록이 있다. 이스라엘 왕 여호람이 전쟁의 승패 여부를 미리 알아보고자 엘리사 선지자를 불렀다. 당시 엘리사는 악한 왕 여호람의 호출에 심기가 불편해졌다. 만일 수금(거문고) 타는 자가 음악을 연주하지 않았다면, 엘리사는 그 자리를 떠났을지도 모른다. 하지만 수금 소리에 엘리사의 불편했던 심기가 풀렸고, 예언의 분위기가 조성되었다. 하나님의 영이 임하자 엘리사는 초자연계를 목도하게 되었고, 자신이 본 바를 그대로 예언에 담아 선포했다.

때때로 기름부음이 강한 찬양은 모든 안개와 구름을 걷어내고, 예언의 분위기를 조성한다. 이때 사람들은 하나님의 거룩한 목적을 명확하게 바라보고 또 예언할 수 있다. 관건은 "과연 우리에게 들을 귀가 있는가?"이다. 우리에게 천국의 음악을 들을 귀가 있는가? 천국의 음악을 연주할 능력이 있는가? "이제 내게로 거문고 탈 자를 불러오소서 하니라 거문고 타는 자가 거둔고를 탈 때에 여호와의 손이 엘리사 위에 있더니"(왕하 3:15).

8. 영광의 소리가 기적적인 변화를 이끌어낸다.

폭풍이 거세게 밀려왔으나 예수님은 아무 두려움 없이 배 위에 서셨다. 그리고 선포하셨다. "잠잠하라 고요하라"(막 4:39). 백부장이 자신의 병든 하인의 치유를 위해 예수님께 나아왔다. 그러자 예수님께서 말씀하셨다. "가라 네 믿은 대로 될지어다"(마 8:8-9, 13). 심지어 예수님께서는 죽은 나사로를 향해 "나사로야 나오라"라고 명령하시기도 했다. 그러자 부활의 능력이 나타나 그의 시신을 일으켰다(요 11:43-44).

하나님의 영광으로 가득한 소리는 언제나 기적적인 변화를 일으킨다. "예수께서 대답하여 이르시되 내가 진실로 너희에게 이르노니 만일 너희가 믿음이 있고 의심하지 아니하면 이 무화과나무에게 된 이런 일만 할 뿐 아니라 이 산더러 들려 바다에 던져지라 하여도 될 것이요 너희가 기도할 때에 무엇이든지 믿고 구하는 것은 다 받으리라 하시니라"(마 21:21-22).

Chapter 5

색

―― *Atmosphere* ――

예수께서 또 말씀하여 이르시되 나는 세상의 빛이니 나를 따르는 자는 어둠에 다니지 아니하고 생명의 빛을 얻으리라 (요 8:12)

태초에 하나님께서 "빛이 있으라"고 말씀하셨을 때, 분광(스펙트럼) 내에 있는 모든 색이 제 모습을 드러냈다. 여기에는 가시광선 및 비가시광선 그리고 아직 발견되지 않은 색상의 빛도 포함된다.

빨강, 주황, 노랑 등 따뜻한 계열의 색상은 안락함부터 분노와 적대감의 감정까지 불러일으킨다. 반면 파랑, 보라, 초록 등 차가운 계열의 색상은 고요함, 차분함 등의 분위기를 연출한다. 물론 슬픔이나 무관심 등의 감정을 불러일으키기도 한다.

제사장이 입는 에봇의 흉판에는 12가지 보석이 물려 있었는데, 각각의 보석이 지닌 색상은 중요한 의미를 지닌다. 그것은 먼저는 이스라엘의 열두 지파를 상징했다(출 28:17-21). 또한 하나님의 보좌를 두른 12가지 색을 상징했다. 우리는 성경에서 새 예루살렘의 성벽(성곽)을 이루는 12가지의 아름다운 보석도 볼 수 있다(계 21:18-20). 이처럼 색깔은 하나님께도 중요하다. 왜냐하면 그분의 아름다운 성품이 색깔로 계시되기 때문이다.

아래에서 살펴보겠지만, 우리 주변 환경에서 발견되는 색상은 당신의 감정적 장점 혹은 단점을 극대화할 것이다. 적절한 색깔의 환경 속에서 당신은 마음에 용기를 얻을 수 있다. 또한 적절한 색의 환경이 조성되면, 우리 영혼이 하나님의 임재 안에서 평안을 누리는 데 도움이 되기도 한다.

> "
> 색깔은 하나님께도 중요하다.
> 때때로 색깔을 통해 그분의 아름다움이 계시되기 때문이다.
> "

빨강

빨강은 집중을 유도하는 색깔이다. 색깔의 존재 자체가 우리의 주의집중을 요한다. 또한 빨강은 담대한 행동을 부추기는 색이기도 하다. 이러한 이유로 빨강은 스포트라이트, 정지표지판, 위험 알림 표시등에 주로 사용된다. 빨강은 색 분광 중 가장 따뜻하고 에너지 넘치는 색이다. 또한 매우 활동적인 색상이기 때문에 침실, 병원, 정신병동, 감옥 등에선 이 색을 사용하는 것이 좋지 않다.

빨강은 우리의 몸과 생각을 자극한다. 열정을 일으키고 호흡과 심박수, 혈액순환 속도 및 맥박을 가속시킴으로써 실질적인 영향을 미친다. 빨간색으로 칠한 공간 안에 있으면 혈압이 상승하고 분노의 감정이 고조되며 공격성향이 짙어진다. 이러한 사실은 일찍이 입증된 바 있다. 한편 빨강은 공포와 두려움으로부터 보호받는 느낌을 선사하기도 하여 정신적·신체적 건강에 일조한다.

주황

주황은 활기 넘치는 색이다. 즐겁고 따뜻하며 밝은 느낌을 준다. 때때로 주의집중을 위해 주황색이 사용되는데, 건설 현장에서는 주황색을 사용하여 안전장비를 착용하라는 '주의' 메시지를 전달한다.

활기가 넘치는 주황색은 활동성을 고조시키고 식욕을 높인다. 그러므로 이 색깔은 침실, 학교 교실, 교회 예배당에는 적합하지 않다. 반면 부엌, 복도, 식당 혹은 거실에는 잘 어울린다. 주황은 또한 사회성을 높이고 원활한 의사소통을 도우며, 당신의 감정적 태도, 의사소통 능력, 식욕에도 영향을 미친다.

노랑

노랑은 색 분광 중 가장 행복한 색이다. 이 색은 기쁨, 즐거움, 긍정성 등을 대변한다. 적절한 색조의 노랑은 영혼의 기쁨을 고조시키고 자존감을 높여준다. 반면 다른 색조의 노랑은 좌절감이나 분노를 일으킨다. 때문에 이런 색조로 칠해진 공간에서는 사람들이 쉽게 화를 내기도 하고, 아이들도 훨씬 더 많이 우는 경향을 보인다.

연구 결과에 의하면, 노랑은 두뇌의 기억능력을 활성화시키고 상상력을 자극하며, 신경계 및 정신 활동에 긍정적 영향을 미치기도 한다. 또한 노랑은 신진대사를 돕기도 한다. 이처럼 노랑은 감정적 태도, 상상력, 그리고 건강에 영향을 미친다.

초록

　초록색에는 마음을 진정시키고 위로해주는 효과가 있다. 그러므로 초록은 치유과정을 돕는 색이라 할 수 있다. 외과의사들이 수술실에서 녹색 가운을 입는 이유도 여기에 있다. 이러한 이유로 병원 내벽을 녹색으로 칠하는 곳도 심심찮게 볼 수 있다. 조사 결과에 따르면 녹색 환경에서 일하는 근로자의 경우 그렇지 않은 노동자의 경우보다 위장병 증세가 훨씬 적게 나타냈다.

　초록은 나무, 식물, 풀 등 자연을 상징하는 색이다. 또한 초록색은 회복, 조화, 자기통제 등의 기능을 선사한다. 이러한 이유로 정신적·신체적 휴식의 목적에 사용되기도 한다. 초록은 우울증, 긴장감, 걱정 등의 감정을 저하시킨다. 적당한 색조의 초록은 거실, 침실, 휴식공간에 적합하다. 색 분광의 중앙에 위치하는 초록은 색의 균형점이기도 하다.

　연구 결과에 의하면, 초록은 읽기 능력을 향상시킨다. 책이나 학습 유인물 위에 초록색 투명 필름을 얹고 읽었을 때, 학생들의 이해능력 및 글 읽는 속도가 향상되었다는 연구결과도 있다. 초록은 당신의 감정, 태도, 건강 그리고 휴식의 질(quality)에 영향을 미친다.

파랑

파랑은 위로하는 색이다. 또한 지혜, 지식을 대변한다. 책임감과 신뢰를 반영하는 이 색은 비즈니스의 색깔로 구분되기도 한다. 가장 진한 색조의 파랑은 명쾌한 사고력을 고조시키는 반면, 연파랑은 마음을 안정시키고 주의집중도를 높인다. 파란색 페인트를 칠한 사무실에서 일할 경우 생산성이 높아진다는 연구 결과도 있다.

파랑을 사용하기 원한다면 채도(색조)에 신경 쓰기 바란다. 마음을 침착하게 만드는, 그것도 과도할 정도로 침착하게 만드는 파랑색은 슬픔, 우울함, 침울함을 불러일으키기 때문이다. 심지어 파란색이 맥박을 늦추거나 체온을 낮춘다는 연구 결과도 있다. 또한 파랑은 식욕을 저하시키는 색이기도 하다. 이러한 이유로 체중감량원에서는 음식을 제공할 때 파란 접시를 사용한다. 이처럼 파랑은 당신의 감정, 태도 및 전 방위적 건강상태에 영향을 미친다.

분홍

분홍은 행복, 활기, 기쁨을 상징하는 색이다. 분홍은 우호적인 감정을 높여주는 반면 공격성은 낮춰준다. 이러한 이유로 상대 팀과 탈의실(라커룸)을 함께 사용해야 하는 스포츠 팀의 경우 종종 탈의실을 분홍색으로 칠하곤 한다. 이는 분홍색이 평정심을 유지하는 데 도움이 되기 때문이다. 수감자들이 분노하거나 소요를 일으키지 못하도록 감호시설을 분홍색으로 칠하는 경우도 많다.

남자 역도선수가 분홍색 공간에서 연습할 경우, 평소 기량의 3분의 1정도가 유실된다는 연구 결과도 있다. 그런데 동일한 공간에서 여자 선수의 기량은 향상되었다.

과학적 연구 결과에 의하면 분홍색은 당(설탕)에 대한 식욕을 증대시킨다고 한다. 이러한 이유로 도너츠 가게와 제과점에서는 분홍색 포장상자에 달콤한 빵과 도너츠를 담아준다. 이처럼 분홍색은 당신의 감정, 태도, 체력, 식욕에 영향을 미친다.

보라색

쉽게 말해 보라색은 사색의 색깔이다. 이 색은 영적인 가치를 반영하며 깊은 명상을 도와준다. 보라색은 마음과 신경을 진정시키며 창조성을 높여준다.

과거에 보라색은 귀족, 왕족, 부, 재산 등과 깊은 연관이 있었다. 고대엔 자색으로 염색하려면 엄청난 비용이 들기 때문에 옷이나 화장품 등에 보라색을 쓰기가 어려웠다. 보라색은 감정, 태도, 자존감, 침착성에 영향을 준다.

색깔은 분위기에 영향을 미친다

하나님께서 계시해주신 내용에 비하면, 이 책에서 당신이 습득한 색상 관련 정보는 빙산의 일각이다. 나는 색상과 관련하여 고도의 연구와 조사를 펼쳤다. 심지어 색깔에 담긴 예언적 의미, 그리고 색과 소리와 치유의 연관성에 대해서도 연구했으며, 하나님이 주신 계시를 더욱 확장시켜줄 색깔·사역 카드도 만들었다. 그러나 이 책에서는 분위기 조성과 관련된 내용만 다루었다.

색깔이 우리의 환경에 얼마나 많은 영향을 미치는지, 우리 삶의 다양한 영역에 어떠한 영향을 미치는지 알게 된다면 당신은 놀라고 또 놀랄 것이다.

> 내가 구름으로 땅을 덮을 때에 무지개가 구름 속에 나타나면 내가 나와 너희와 및 육체를 가진 모든 생물 사이의 내 언약을 기억하리니 다시는 물이 모든 육체를 멸하는 홍수가 되지 아니할지라 무지개가 구

름 사이에 있으리니 내가 보고 나 하나님과 모든 육체를 가진 땅의 모든 생물 사이의 영원한 언약을 기억하리라 (창 9:14-16)

하나님께서 무지개(여러 색깔)를 창조하셨을 때, 그리고 노아와 그의 가족에게 건네시는 징표로서 그것을 하늘에 걸어두셨을 때, 선하신 하나님의 생명의 언약이 온 인류에게 전달되었다. 이처럼 무지개의 색깔은 하나님의 약속을 상기시켜준다.

Chapter 6

정리정돈

─── *Atmosphere* ───

> 예수께서 성전에 들어가사 성전 안에서 매매하는 모든 사람들을 내쫓으시며 돈 바꾸는 사람들의 상과 비둘기 파는 사람들의 의자를 둘러엎으시고 그들에게 이르시되 기록된 바 내 집은 기도하는 집이라 일컬음을 받으리라 하였거늘 너희는 강도의 소굴을 만드는도다 하시니라 (마 21:12-13)

'**정리정돈**'은 분위기 조성에 매우 중요한 요소이다. 이 사실을 기억하며, 당신의 환경을 생각해보라. 만일 주변이 어질러져 있다면 마음이 불편해질 것이다. 무질서는 곧 당신의 생산성과 창조성을 훼방하여 성공을 가로막을지도 모른다. 게다가 당신의 삶 속 무질서는 다른 사람이 은혜 받는 것을 방해하기도 한다.

마태복음 21장에는 예수님께서 환전상을 내쫓으시는 장면이 나온다. 예수님은 환전상뿐만 아니라 성전의 분위기를 혼탁하고 무질서하게 만든 사람들도 내쫓으셨다. 그들이 조성해놓은 무질서의 분위기는 성전의 이미지를 실추시켰다. 그들 때문에 사람들은 성전이 하나님의 집이며, 기도와 치유를 위한 장소임을 이해하는 데 어려움을 겪었다.

한번은 매우 무질서한 교회에서 사역해야 했던 적이 있다. 강단은 마이크 줄과 복잡한 전선, 쓰다 만 휴지 등으로 너저분했다. 빈 생수병과 종잇조각들이 여기저기 흩어져 있었고 투명한 크리스털 강대상은 '기름진' 지문투성이었다.

당신은 '별것도 아닌데 민감하기는!' 하고 생각할는지도 모른다. 하나님의 광대하신 능력에 비하면 그러한 방해요소는 아무것도 아니지 않은가? 그렇다. 당신 말이 맞다. 하지만 사역의 현장에서는 얘기가 다르다. 가장 미미한 것들이 나중에는 가장 큰 영향을 미치는 요소로 돌변하는 경우가 많기 때문이다.

사실 초청받은 교회에 가서 예배드릴 때, 환경이 무질서하면 하나님을 찬양하는 데 집중하기보다는 일단 청소부터 하고 싶은 마음이 생긴다. 조심스러운 이야기지만, 때론 그처럼 무질서한 상태로 자신의 교회를 외부인에게 소개하는 목회자나 평신도리더들이 창피하기까지 하다.

만일 우리가 영, 혼, 육을 가진 존재로 창조되었음을 이해한다면, 당신은 마음과 영혼을 안정시키는 물리적 분위기 조성이 얼마나 중요한지 알게 될 것이다.

강대상을 닦거나 강단에 버려진 너저분한 휴지를 줍는 것만으로도 사역의 질을 한껏 높일 수 있다. 강단이 정돈되면 그곳에 모인 사람들은 평안을 누리며 주님의 은혜를 받을 마음의 준비를 갖추게 된다.

> 하나님께서는 우리에게 그분의 일을 맡기신다.
> 그리고 우리가 하는 모든 일 가운데 그분의 임재가 드러나길 원하신다.

게으름과 최선을 다하지 않는 모습 때문에 불편한 분위기가 연출된다면, 그래서 예배나 집회의 결과가 좋지 못하다면 우리는 그 결과를 성령님의 책임으로 돌릴 수 없다. 하나님께서는 우리에게 그분의 일을 맡기신다. 그리고 우리가 하는 모든 일 가운데 그분의 임재가 드러나길 원하신다.

답답하고 무질서한 분위기에선 제대로 사역할 수 없다. 심지어 그런 분위기가 사역을 방해받는 느낌이 들곤 한다. 실제로 어질러진 공간에선 사역의 효율성이 현저하게 떨어진다. 안타깝게도 물리적 무질서로 인한 '제한' 때문에 사람들은 영적으로 '제한된' 은혜를 받게 된다.

"아무것도 아닌 것을 왜 그리 확대해서 해석하십니까?" 당신은 이렇게 반문할 수도 있다. 그런데 이와 같은 일은 당신의 집 안에서도 일어나지 않는가? 집이 잘 정돈되었을 때, 당신은 보다 효율적으로 일한다. 생산성도 높아져 하루하루 성취감의 축복을 누린다.

집무실이 각종 서류와 영수증 등으로 어질러져 있고, 잡다한 물건과 상자가 여기저기 쌓여 있으면 나는 업무에 집중하지 못한다. 이런 상황을 수없이 경험했다. 때문에 업무의 효율성을 높이는 분위기를 조성하기 위해 물건과 서류들을 잘 정돈해야 한다. 뿐만 아니라 일의 우선순위를 정하고 대인관계도 재정비해야 한다.

잘 정리된 분위기는 영광의 영역을 확장하고 유지하는 데 큰 도움이 된다. 이를 위해 도움이 되는 4가지 조언을 아래에 소개한다.

1. 우선순위를 정하라.

내가 최고의 성취감을 느꼈을 때는, 매일매일 '해야 할 일'의 목록을 적으며 삶의 우선순위를 정할 때였다. 완수해야 할 임무들을 중요도에 따라 순서대로 적었는데, 때로는 하루에 그 모든 것을 성취하는 것이 불가능해 보일 때도 있었다. 그래도 나는 우선순위를 정하고 목록을 작성했다. 그렇게 했더니 수많은 경우 "내가 이렇게 많은 일을 할 줄이야!"라고 감탄할 정도로 많은 일을 해낼 수 있었다. 우선순위를 작성한 후 소망을 품고 달려갔기 때문이다.

유명한 미술가 미켈란젤로가 말했다. "가장 큰 위험은 무리할 정도로 높은 소망을 품는 것이 아니다. 실패 또한 가장 큰 위험이 아니다. 가장 큰 위험은 당신의 소망이 너무 낮게 설정되어 있고, 또 그 소망을 아주 쉽게 이루는 데에 있다." 당신의 직업과 목표, 매일 해야 할 허드렛일, 꿈과 소망 등을 기재하며 우선순위 목록을 작성해보라.

2. 관계를 정비하라.

의도적으로라도 대인관계를 정비하라. 관계에 있어서도 우선순위를 설정하는 것이 굉장히 중요하다. 사랑하는 사람들과 좋은 관계를 오래도록 유지하기 위해 나는 전화 통화 및 이메일 발송 계획도 세운다. 관계 유지를 위해 노력하지 않으면 종종 사람들이 내가 그들을 무시하거나 그들과의 관계에 더이상 관심이 없다고 여겼다. 사실, 바쁜 일상과 자잘한 업무 때문에 종종 친구들을 잊곤 한다. 여유가 없기 때문일까?

여전히 나는 일과 삶과 우정 사이에서 어떻게 균형을 잡아가야 할지를 배우고 있다. 사실 삶에 있어서 관계는 대우 중요하며, 성공의 열쇠가 되기도 한다. 종종 관계를 통해 새로운 기회의 문이 열리기도 하고, 축복의 분위기가 조성되기도 한다.

우선순위를 정하여 관계를 재정비하라. 무엇보다 하나님과의 관계를 최우선으로 삼으라(마 6:6). 인생의 모든 것은 하나님과의 관계로부터 시작된다. 하나님과의 관계를 올바로 정립했다면 그 다음은 가족이다. 나는 바쁜 업무 때문에 가족의 필요를 돌보지 못하는 상황을 만들지 않으려고 최선을 다한다. 가족 다음 순서는 친한 친구이다. 그리고 사역과 사업 관계가 그 뒤를 따른다.

3. 가정을 정비하라.

정비된 가정은 행복한 가정이다. 가정은 당신이 쉼을 얻고 피곤한 일상으로부터 탈피할 수 있는 피난처이다. 그러나 집에 들어갔을 때, 여기저기 물건이 흩어져 있고 심하게 어질러져 있다면 쉼을 얻기가 힘들다. 주방과 거실, 침실과 욕실을 정리하라. 집안

정리와 청소에 여러 날이 소요될 수도 있다. 나의 경우 집안을 청소할 때 흥겨운 찬양을 틀어 놓는다. 그러면 짜증이 사라지고 오히려 신이 난다. 찬양을 들으면 집안 청소가 훨씬 수월해진다. 이와 같이 당신도 청소할 때 흥을 돋울 수 있는 나름의 조치를 취하기 바란다.

일의 효율성을 높이는 건강한 환경을 만들라. 안 입는 옷, 갖고 놀지 않는 장난감, 오래된 가구, 읽지 않는 책 등 더 이상 사용하지 않는 물품은 자선단체에 보내는 것이 좋다. 당신에게 필요 없는 물품이 누군가에겐 유용한 보물이 될 수 있다. 당신의 집엔 그 물건을 쌓아둘 자리가 없지만, 누군가의 집엔 그 물건을 놓을 자리가 넉넉할 것이다! 나는 적어도 1년에 4번씩 정리를 하며 이 사실을 새롭게 깨닫는다. 1년이 채 안 되는 짧은 시간 동안 우리는 참으로 많은 물건을 구매한다. 자신의 구매패턴을 살펴보면 꽤나 놀랄 것이다.

사진을 잘 정리하라. 작은 물품, 옷장에 쌓아둔 옷가지를 정리하라. 주방용품은 찬장이나 선반에 가지런히 정리해두라. 망치, 못, 스패너와 같은 연장은 연장통에 넣고 라벨지를 붙여 깔끔하게 표기하라. 집안이 깔끔하게 정돈되면 당신의 기분은 한결 나아져 다시금 활기차게 시작할 수 있다. 그래서 다음과 같은 명언이 생긴 게 아닐까? "모든 것은 가정에서 시작된다."

4. 컴퓨터와 파일을 정리하라

잘 정리된 파일 캐비닛과 컴퓨터 하드디스크는 당신의 시간과 에너지를 보호해준다. 이것들을 잘 정돈해 놓으면 누군가가 오래된 서류나 컴퓨터 파일을 요구할 때, 몇 차례의 마우스 클릭 혹은 서랍 한 번 여는 것으로 그들이 원하는 것을 건네줄 수 있을 것이다.

나는 사무실에서 RAFT시스템을 사용하여 폭우처럼 쏟아지는 이메일을 관리한다. 이메일을 받을 때마다 4가지 정리법을 활용하는데, RAFT는 각각의 첫머리 글자이다. R은 답신하기(Reply to it), A는 담당자 정해서 맡기기(Assign it), F는 파일에 관리하기(File it), T는 삭제하기(Trash it)이다. 이런 식으로 컴퓨터 디스크와 파일을 정리하면 작업 환경이 훨씬 좋아진다.

Chapter 7

관대함

――― *Atmosphere* ―――

구제를 좋아하는 자는 풍족하여질 것이요 남을 윤택하게 하는 자는
자기도 윤택하여지리라 (잠 11:25)

NKJV(New King James Version) 성경에서 '주다'라는 동사 'give'와 그것의 진행형과 동명사형인 'giving', 과거형인 'gave'를 찾아보았더니 총 1,300회 이상 사용되었다. 당신은 이 사실을 알고 있는가? 아마도 하나님께서는 재정과 관련하여 우리에게 해주실 말씀이 많으셨나 보다. 영광의 영은 관대한 영이시다!

가난, 압제, 결핍의 분위기를 돌파할 수 있는 최고의 방법은 가난의 현장에서 관대함의 덕을 베푸는 것이다. 수년 전, 나는 라트비아의 수도 리가에서 사역했다. 그곳에서 나는 재정의 승리와 부(富)에 대해 설교했다. 그런데 가난과 압제의 영이 라트비아 사람들의 마음을 단단히 묶고 있어서 부와 승리에 대한 말씀이 제대

로 전달되지 않는다는 것을 감지할 수 있었다. 하지만 매일 밤 하나님께서는 놀라운 기적과 표적을 보여주셨고, 나는 계속해서 하나님의 초자연적 공급에 대해 설교했다. 그리고 '영광을 위해 씨앗을 심는 것'의 중요성에 대해 이야기했다.

얼마나 놀라운 시간이었는지! 사람들은 하나님의 계시를 깨닫고 주님 앞에 예물을 드렸다. 그들은 관대한 정신으로 성령 안에서 주님 앞에 헌물했다. 재정의 헌신은 결국 영계에 영향력을 끼쳐 헌신과 함께 그들의 삶에 변화가 시작되어 재정의 기적을 체험했다.

그들 가운데 관대함의 영이 역사한 것이다. 하지만 몇몇 사람은 이러한 내용의 설교에 언짢아하거나 화를 내기도 했다. 종교의 영은 항상 가난의 사슬로 사람들을 묶으려 하기 때문에 그들에겐 자유의 메시지가 그리 크게 역사하지 못했다. 하지만 전반적으로 우리 모두가 경험했던 승리는 매우 놀라웠다.

> **66**
> 종교의 영은
> 언제나 사람들을 가난의 사슬로 묶으려 한다.
> **99**

그곳에서 집회를 연 후 몇 주가 지나서 니콜라이 목사님으로부터 한 통의 편지를 받았다.

"밀즈 목사님의 헌신과 담대함, 그리고 겁 없는 용기로 하나님을 섬기는 모습에 우리 모두 큰 감명을 받았습니다. 진심으로 감사드립니다. 이곳 라트비아에서 목사님이 인도하셨던 '영광과 불'(Glory & Fire) 컨퍼런스는 영적 촉매제와 같았습니다. 컨퍼런스를 통해 우리는 전례 없는 하나님의 영광과 사랑을 체험했습니다. 그것은 그저 '그렇고 그런' 집회가 아니었습니다. 믿음의 혁명, 기쁨의 혁명, 사랑의 혁명이었습니다! 목사님의 기도사역과 컨퍼런스 동안 선포되었던 메시지를 통해 수많은 사람들이 용기와 자유함을 얻었습니다. 하나님께서 치유와 기름부음을 강하게 부어 주셨습니다. 성령께서 자유의 분위기를 만들어 주셨습니다. 지금까지도 우리는 그때 체험했던 하나님의 영광을 간증하고 있습니다. 이제 우리는 조종하는 영, 인간의 통제, 종교적 우울함으로부터 해방되었습니다. 예배와 기도 가운데 참된 영적 회복과 승리를 맛보고 있습니다."

관대함(후히 베푸는 것)은 영광의 분위기 조성과 긴밀하게 연결되어 있는데, 성경이 이 사실을 입증해준다.

* 광야에서 하나님은 모세에게 성막의 건축을 명령하셨다. 그런데 성막 건축을 위한 하나님의 첫 번째 명령은 "헌물을 강요하지 말라. 자원하는 사람에게서 헌물을 받으라!"였다. 하나님의 쉐키나 영광의 거처를 마련하기 위해 먼저 사람들의 자원이 요구되었다(출 25:1-9).

* 다윗 왕이 이스라엘 백성에게 솔로몬과 함께 성전을 건축할 것을 명할 때, 백성들은 자원하는 마음으로 헌물하였다(대상 29:1-9).

* 초대교회 성도들이 사도들의 발 앞에 헌물했을 때, 교회 안에 놀라운 능력이 발현되었다(행 4:32-35).

소리는 침묵을 깨고 창조성을 방출한다. 빛은 어둠을 깨고 생명력을 방출한다. 치유는 질병을 깨고 온전함을 방출한다. 관대함(관대한 정신)은 가난을 깨고 풍요를 방출한다.

> 관대함은 가난을 깨고 풍요를 방출한다.

관대함에 대한 7가지 진실

1. 관대함은 배가의 분위기를 조성한다.

어린 소년이 보리떡 다섯 덩이, 물고기 두 마리의 점심 도시락을 예수님께 드렸다. 그 순간, 그 조그만 도시락은 배가의 촉매제가 되었다. 결국 5천 명(성인 남자만)이 배불리 먹고 남는 기적이 일어났다(마 14:13-21).

가난한 과부가 마지막으로 남은 식량을 가지고 엘리야 선지자를 섬겼다. 그때, 하나님께서 그녀의 가정에 결코 마르지 않고 다함이 없는 식량을 공급해주셨다. 만일 하나님의 영광을 위해 당신이 가진 것을 후히 내어드린다면, 당신은 이미 초자연적 배가의 분위기를 조성한 것이다.

관대함(관대한 정신)은 배가의 원동력이다. "엘리야가 그에게 이르되 두려워하지 말고 가서 네 말대로 하려니와 먼저 그것으로 나를 위하여 작은 떡 한 개를 만들어 내게로 가져오고 그 후에 너와 네 아들을 위하여 만들라 이스라엘의 하나님 여호와의 말씀이 나 여호와가 비를 지면에 내리는 날까지 그 통의 가루가 떨어지지 아니하고 그 병의 기름이 없어지지 아니하리라 하셨느니라"(왕상 17:13-14).

2. 관대함은 사랑의 분위기를 창출한다.

솔직히 말해 누군가를 얼마만큼 사랑하는지는 내 것을 얼마만큼 내어줄 수 있는지에 의해 증명되는 것 아닐까? 사랑을 받는 유일한 방법은 사랑을 주는 것이다. 사랑이 있는 곳이면 어디든, 언제든 성공이 보장될 것이다. 하나님의 사랑은 결코 실패하는 법이 없다(고전 13:8). 나는 충동에 의해서, 혹은 다른 사람의 말에 설득당하여 내 것을 남에게 내주지 않는다. 다만 주님을 사랑하기 때문에 관대한 것이다. 영혼의 구원을 위해, 복음의 기쁜 소식을 온 세계에 전하기 위해, 사람들의 치유를 위해 내가 가진 것을 점점 더 많이 주님께 드리고 싶어진다.

만일 당신이 하나님의 참 사랑에 감동되었다면, 당신의 관대함은 주변 사람들에게까지 옮아갈 것이다. "하나님이 세상을 이처럼 사랑하사 독생자를 주셨으니 이는 그를 믿는 자마다 멸망하지 않고 영생을 얻게 하려 하심이라"(요 3:16).

3. 관대함은 특별한 복의 통로를 활짝 열어준다.

하나님만이 공급해주실 수 있는 은혜를 받으려면 먼저 베풀어야 한다. 베풂은 믿음의 행위이다. 관대한 정신에 따라 남에게 베풀 때, 우리는 하나님의 공급을 체험한다.

작년에 텍사스의 휴스턴에서 사역할 때였다. 집회에 참석했던 한 여성의 마음속에 믿음이 자라났다. 그녀는 하나님께서 재정의 돌파구를 열어주시리라 확신했다. 그날 밤, 그녀는 믿음으로 100달러를 헌금했다. 그리고 며칠 후, 그녀가 보낸 간증문엔 다음과 같은 내용이 적혀 있었다. "그날 집회에서 확신을 주신 하나님의 은혜로 14,000달러에 달하는 병원비를 탕감받았습니다." 그녀에게 초자연적 빚 탕감의 돌파구가 기적적으로 열렸다. 그녀는 베풂(재정의 헌신)을 통해 기적을 체험한 것이다.

수많은 사람들이 이와 비슷한 재정의 기적(재정의 기름부음)을 체험했다. 특별한 축복의 경험을 담은 간증도 수천에 달한다. 플로리다의 탐파에 사는 한 여성은 하나님의 영광을 위해 후한 예물을 헌금했다. 그런데 그녀가 예물을 드렸던 바로 그 시간, 그녀의 남편은 직장에서 예상치 못했던 2,000달러의 보너스를 받았다. 관대한 베풂을 통해 당신의 삶 속에 돌파구가 열려 무제한의 은혜가 흘러들어간다. 나는 이렇게 선포하길 좋아한다. "내가 베푼 관대함이 가능성의 분위기를 만들어낸다!" "스스로 속이지 말라 하나님은 업신여김을 받지 아니하시나니 사람이 무엇으로 심든지 그대로 거두리라"(갈 6:7).

4. 관대함은 특별한 만남을 성사시킨다.

사도행전 10장에 고넬료라는 사람이 등장하는데, 그는 이탈리아 군대의 백부장이었다. 특이한 사항은 그가 항상 구제하며 남에게 관대함을 베풀었다는 것이다. 성경의 기록대로라면 그는 특히 가난한 사람들에게 후히 베풀었다. 또한 하나님께 정기적으로 기도했다. 그와 그의 가족은 경건한 사람들이었다. 이러한 관대함 때문에 고넬료는 어느 날 오후 천사의 방문을 받게 된다. 천사가 그에게 말했다. "네 기도와 구제가 하나님 앞에 상달되어 기억하신 바가 되었으니!"(행 10:4)

고넬료는 천사와의 영광스런 만남을 체험했을 뿐만 아니라, 복음을 들었고 성령세례도 받았다. 하나님의 명령에 베드로는 고넬료의 집을 방문했다. 당시 고넬료의 가족과 친척, 친구들 모두가 베드로가 전하는 복음을 듣고 예수를 영접했다. 이후 그들 위에 성령이 임했다(성령세례의 진정성을 입증하는 방언도 받았다). 이 모든 역사는 고넬료의 관대한 정신으로부터 시작되었다(행 10:30-46). "사람의 선물은 그의 길을 넓게 하며 또 존귀한 자 앞으로 그를 인도하느니라"(잠 18:16).

5. 관대함(관대한 정신)은 가난의 분위기를 파쇄한다.

관대한 정신은 항상 가난의 영에게 위협을 가한다. 나는 선물 받는 일과 재정의 축복에 대해 설교하는 것을 부끄러워하지 않는다. 왜냐하면 나 스스로가 후하게 베푸는 삶을 통해 '빚 없는 상태' 속에 살고 있기 때문이다. 어떤 사역자들은 성도들로부터의 재정적 후원에 당황한다. 그러나 나는 도대체 무엇 때문에 부끄러워하는지 이해할 수 없다. 재정적 후원을 부끄러워한다면, 그들은 어떻게 재정 계획을 세울 수 있는가?

나는 재정에 대해 설교하는 것을 부끄러워하지 않는다. 수많은 사람들이 빚에 허덕이고, 그들 모두가 재정의 자유를 원하기 때문이다. 재정적 자유는 그들에게 긴급한 사안이다. 그러므로 나는 성도들이 하나님의 영광을 위해 헌신할 기회를 만들고자 부단히 노력한다. 씨를 뿌리고 열매를 수확할 때, 비로소 우리는 특별한 기적의 분깃을 맛볼 수 있다.

나는 삶 가운데 '뿌림과 거둠'의 원칙을 적용한다. 나는 하나님께 후히 내어드리는 자원자가 되길 원한다. 아내와 나는 컴퓨터, 키보드, 자동차, 고급 손목시계, 수많은 재정적 헌물을 하나님께 드렸다. 그리고 하나님께 드린 것과 동일한 것을 받는 기적도 체험했다. 사실, 많이 소유하면 할수록 그만큼 복의 통로가 막히게 된다. 반면, 더 많이 나눌수록 복의 통로는 더 크게 열린다. 이것은 단 한 번도 멈추지 않은 영적 원리이다.

> **많이 소유하면 할수록 복의 통로는 더욱 막힌다.**

집회 중 사람들은 배가되는 재정, 빚의 탕감 등 재정과 관련된 놀라운 기적을 수없이 체험했다. 다음은 최근 한 집회에서 일어난 일이다. 어떤 여성이 일정액을 헌금하려고 했다. 그녀는 마치 다섯 덩이 떡과 두 마리 생선을 드리는 심정으로 일정액의 돈을 꺼내 두 손에 쥐었다. 그런데 헌금함에 넣으려던 그 돈이 그녀의 손에서 점점 많아지는 것 아닌가! 바로 그 시간 집회에 참석했던 다른 많은 사람들도 이와 비슷한 기적을 체험했다. 그들의 지갑 안에 들어 있던 돈의 액수가 증가한 것이다. 갑자기 은행잔고

가 늘어나기도 했다!(나중에 알아보니 집회 시간에 은행잔고가 늘어났다)

하나님께 아무리 많은 것을 드린다 한들, 하나님께서 당신에게 주신 것보다 더 많을 수는 없다. 하나님은 우리에게 후히 주시는 분이다. "흩어 구제하여도 더욱 부하게 되는 일이 있나니 과도히 아껴도 가난하게 될 뿐이니라"(잠 11:24).

6. 관대함은 하나님의 공급을 가능케 하는 분위기를 조성한다.

우리가 운영하는 '영광의 학교' 심화과정 학생들은 초자연적 재정의 배가를 여러 번 경험했다. 이를테면 갑자기 없던 돈이 생기는 일 말이다. 몇몇 사람의 지갑과 핸드백 속에 갑자기 20달러짜리 지폐가 생기는 일도 있었다. 그들은 왜 그런 일이 일어났는지 이유조차 모른다. 그중 팜스프링스에 사는 메릴루라는 여성의 이야기는 압권이다. 그녀는 하나님께서 주신 감동(명령)에 따라 동료학생에게 일정액의 돈을 건넸다. 그러자 그녀가 섰던 바닥에 갑자기 20달러 지폐 여러 장이 '생긴' 것이다. 이러한 기적을 목격할 때, 우리는 믿음과 용기를 얻는다. 또한 하나님의 경제원칙이 이 땅의 원리와 전혀 다르다는 사실도 깨닫는다.

관대하게 베풀고자 결심할 때, 새로운 차원의 공급이 우리에게 닿는다. 우리가 남에게 베푼 것 이상으로 하나님께서 갚아주신다. 한 학생이 다음과 같은 간증을 전했다.

"영광의 학교 심화과정을 마친 후였습니다. 회사는 저를 포함한 지점장들의 임금을 연 4,000달러 인상하기로 했습니다! 그 누구도 예상치 못했던 임금인상이었습니다. 지금 와서 깨닫는 것인데 조슈아 밀즈 목사님이 우리에게 새 직장, 승진, 임금인상 등의 축복을 선포했을 때 주님께서 실제로 그 일을 허락하신 것입니다. 사실 국가의 전반적인 경제가 위축된 상황이라 저나 다른 사람 모두 이러한 축복이 임할 것이라 기대하지 못했습니다. 그러나 축복이 임했습니다. 오! 하나님께 감사드립니다. 우리 사업체는 최악의 경기를 견뎌냈을 뿐만 아니라, 오히려 상승세를 타고 있습니다. 모두가 어렵다고 말하는 지금, 더 많은 신규채용을 감행하다니! 정말 감사한 일 아니겠습니까?"

심는 자에게 씨와 먹을 양식을 주시는 이가 너희 심을 것을 주사 풍성하게 하시고 너희 의의 열매를 더하게 하시리니 (고후 9:10)

7. 넘치는 관대함은 넘치는 기름부음의 분위기를 만들어낸다.

성전 건축이 끝난 후 봉헌식이 거행되었다. 다양한 악기를 동원한 찬양소리가 성전에 울려 퍼졌다. 이때 솔로몬 왕은 하나님께 수많은 희생제물을 올려드렸다. 이는 백성들의 관대한 헌물이 있어서 가능했던 희생제사였다. 백성들의 넘치는 헌신에 하나님의 영광과 기름부음이 뒤따랐다. 그분의 영광은 두꺼운 구름으로 가시화되었다. 임재의 구름이 성전을 가득 채운 것이다. 두꺼운 구름의 무게 때문에, 그리고 하나님의 광대하심을 감당할 수 없어서 제사장들은 몸을 가눌 수조차 없었다. 아니 그 자리에 서 있는 것마저 힘들었다.

우리는 넉넉한 재정적 헌신과 후원 이후, 삶 가운데 가장 큰 기적이 일어난 것을 수없이 목격했다.

> "솔로몬 왕과 그 앞에 모인 모든 이스라엘 회중이 궤 앞에서 양과 소로 제사를 드렸으니 그 수가 많아 기록할 수도 없고 셀 수도 없었더라 … 나팔 부는 자와 노래하는 자들이 일제히 소리를 내어 여호와를 찬송하며 감사하는데 나팔 불고 제금 치고 모든 악기를 울리며 소리를 높여 여호와를 찬송하여 이르되 선하시도다 그의 자비하심이 영원히 있도다 하매 그 때에 여호와의 전에 구름이 가득한지라 제사장들이 그 구름으로 말미암아 능히 서서 섬기지 못하였으니 이는 여호와의 영광이 하나님의 전에 가득함이었더라"(대하 5:6, 13-14).

Chapter 8

환경에 영향을 미치다

그러므로 누구든지 나의 이 말을 듣고 행하는 자는 그 집을 반석 위에 지은 지혜로운 사람 같으리니 (마 7:24)

우리가 배운 일련의 사실들을 실생활에 적용해 보자. 나는 이 책의 지면을 할애하여 내가 받은 계시들을 기록했다. 그 계시들은 성공과 기적을 맛보기 위해 어떤 분위기를 조성해야 하는지 직접 체험하여 배운 것이다. 그리고 그 내용을 실제로 삶에 적용했을 때, 내 삶과 사역에 크나큰 열매들이 나타났다. 주님의 임재를 감지하는 능력도 더욱 예리해졌다.

> 하나님께서는 성공과 기적의 삶으로 당신을 초대하셨다.

당신의 영과 혼과 육이 영적·감정적·물리적 환경의 영향을 받는다는 사실을 인식한다면 분위기의 중요성을 쉽게 이해할 수 있을 것이다. 그러니 올바른 환경을 만들고자 굳게 결단하라. 그러면 당신의 삶은 하나님의 놀라운 기적으로 넘쳐나기 시작할 것이다. 일단 한 번 기적을 맛보면 계속해서 그분의 생생한 임재를 추구하게 된다.

하나님께서는 당신 스스로 환경을 바꿔나가길 바라신다. 어디를 가든, 당신은 그곳에 하나님의 영광을 전달해야 한다. 하나님은 당신이 영광의 촉매제가 되길 기대하신다. 우리가 알듯, 빛은 어둠보다 강하다. 생명은 죽음보다 강력하다. 평화는 전쟁보다 강하고, 사랑은 증오보다 질기다. 성령님은 분위기의 변화를 위해 필요한 모든 것을 당신에게 주셨다. 마태복음 6장 10절에 기록된 예수님의 기도처럼, 하나님께서는 당신을 통해 이 땅 위에 천국의 분위기를 조성하실 것이다. 나는 그렇게 믿는다.

> 내가 아버지의 말씀을 그들에게 주었사오매 세상이 그들을 미워하였사오니 이는 내가 세상에 속하지 아니함 같이 그들도 세상에 속하지 아니함으로 인함이니이다 내가 비옵는 것은 그들을 세상에서 데려가시기를 위함이 아니요 다만 악에 빠지지 않게 보전하시기를 위함이니

이다 내가 세상에 속하지 아니함 같이 그들도 세상에 속하지 아니하였사옵나이다 그들을 진리로 거룩하게 하옵소서 아버지의 말씀은 진리니이다 아버지께서 나를 세상에 보내신 것 같이 나도 그들을 세상에 보내었고 (요 17:14-18)

우리는 이 세상에서 살아간다. 그러나 그렇다고 이 세상에 속할 필요는 없다. 당신은 천국의 방법으로 주변 환경을 변화시킬 수 있다. 당신에겐 하나님이 주신 놀라운 능력이 있지 않은가? 하나님께서 주도하시는 거룩한 흐름에 동참하라. 이 세상 법칙에 제한받지 않는 기적의 영역으로 들어가라. 이전에는 알지 못했던, 위대한 성공의 터전에서 살아가라.

당신이 만들어낸 분위기는 당신에게는 물론 하나님께도 중요하다. 본래 하나님은 영광의 분위기 속에서 당신을 창조하셨다. 그리고 언제나처럼 당신이 초자연적 생명 안에서 살아가길 바라신다. 부디 당신이 이 진리 위에 견고히 서기를! 부디 이 책에 기록된 진리들이 당신의 삶에 흘러들어가길! 그래서 소망과 치유와 거룩한 성공이 당신을 통해 주변 사람들에게 흘러나가길 기대한다!

에필로그

이 모든 것은
예수 그리스도와 함께 시작된다

삶을 변화시키는 능력으로 환경을 바꾸려면, 먼저 예수 그리스도와 인격적인 관계를 맺어야 한다. 당신은 예수 그리스도를 아는가? 성경은 이렇게 말한다.

> 네가 만일 네 입으로 예수를 주로 시인하며 또 하나님께서 그를 죽은 자 가운데서 살리신 것을 네 마음에 믿으면 구원을 받으리라 사람이 마음으로 믿어 의에 이르고 입으로 시인하여 구원에 이르느니라 (롬 10:9-10)

그리스도께 당신의 삶을 드리기 원한다면, 지금 바로 다음의 기도문을 따라 기도하라.

아버지, 저의 죄를 용서해주셔서 감사드립니다. 이제 예수님께서 제 마음에 들어오시길 간구합니다. 주님께서 원하시는 삶으로 제 삶을 변화시켜 주옵소서. 제게 구원을 주시니 감사합니다. 예수님의 이름으로 기도합니다. 아멘.

성경은 예수님의 이름을 부르는 모든 자는 구원을 얻을 것이라고 약속한다. "누구든지 주의 이름을 부르는 자는 구원을 받으리라"(롬 10:13). 하나님의 가족의 일원이 된 것을 축하한다.

자 이제 분위기를 바꾸라! 어디를 가든 하나님의 영광을 전달하는 영광의 중개자가 되라!

HOW TO DISCERN THE PRESENCE OF ANGELS

책 속의 책

천사의 임재를 분별하는 법

아름다운 찬양이 계속되었다. 예배의 열기는 최고조에 달했다. 내가 가장 처음 천사와 만났던 날, 천사들은 내 머리 위 예배당 천장을 미끄러지듯 날고 있었다. 그들은 흰색 가운 같은 것을 입었는데, 우아한 자태로 공중을 떠다니는 동안 그 흰색 가운에서 매우 강한 빛이 흘러나왔다. 당시 나는 어린아이였다. 그 시절 내 기억 속의 천사들에겐 날개가 없었다.

그 즈음 천사를 보는 일은 내게 흔한 일상이었다. 친구 사라도 천사의 모습을 보곤 했으니 말이다. 사라와 나는 교회의 회중석 오른 편에 앉아 천사들이 공중을 날며 찬양하는 모습을 바라보곤 했다. 참으로 놀라운 광경이었다.

더 이상 천사가 나타나지 않다

하루는 내가 본 환상을 교회 어른들에게 이야기했다. 그런데 사람들은 나를 격려하거나 더 깊은 초자연적 영역으로 들어갈 것을 권면하는 대신 꾸짖었다. "애야, 거짓말하면 못 써! 앞으론 그런 식으로 이야기를 꾸며내지 말거라." 바로 그날, 나는 더 이상 영의 세계를 들여다보지 않기로 다짐했다. 이후로 나는 천사를 만나지 못했다.

나를 수호하는 천사들과 만나다

다시금 영광스런 체험이 재개된 것은 지금으로부터 대략 20여 년 전쯤이었다. 버지니아 주 애슐랜드의 갈보리 캠프그라운드에서 머물던 어느 날, 아주 특이한 꿈을 꾸었다. 꿈속에서 나는 누군가에 이끌려 천상의 세계로 들어갔다. 그리고 그곳에서 나를 지켜주는 3명의 수호천사와 만났다.

그들은 차례로 자신을 소개했다. 내 삶 가운데 그들이 어떤 사역을 하고 있는지, 또 어떤 목적으로 나를 수호하는지도 설명해

주었다. 첫 번째 천사가 말했다. "네가 사역하는 곳에서 나는 창조적인 기사와 표적을 일으킨다. 하나님께서 내게 그 일을 명령하셨다." 그는 천국으로부터 비상한 은사와 축복을 받아 내 삶으로 전달하는 역할을 수행했다. 두 번째 천사는 이렇게 말했다. "나는 네 삶에 새 노래와 천국의 음악을 전달한다." 그는 문자 그대로 '찬양과 예배의 천사'였다. 이어서 세 번째 천사가 말했다. "네게 두려움이 엄습할 때, 나는 네게 거룩한 담대함을 전달한다."

비록 꿈이었지만 이들 거대한 천사와의 만남에 나는 화들짝 놀랐다. 다름 아닌 그들의 외모 때문이었다. 3명 모두 나처럼 생긴 것이다! 물론 키는 나보다 훨씬 컸고, 몸집도 컸으며 저마다 독특한 헤어스타일을 하고 있었다. 그들의 눈동자는 천국의 아름다움으로 번쩍거렸다. 조금씩 다르긴 했지만, 전반적으로 볼 때 모두 비슷비슷하게 생겨 마치 한 배에서 나온 형제 같았다.

그들은 빛나는 가운을 입고 있었다. 내가 어릴 때 만났던 천사들처럼 말이다. 이 특이한 경험 덕분에 나는 천사와 우리의 관계가 얼마나 밀접하고 중요한지 깨달을 수 있었다. 꿈에서 천사를 만난 후, 나는 천사와 관련된 정보를 비롯해 더 깊은 계시를 얻고자 오랫동안 연구하고 조사했다.

꿈에서 천사와 초자연적 대화를 나눈 것이 계기가 되었는지, 나는 예배의 현장에서 다시금 천사의 방문을 감지할 수 있었다. 때때로 천사들이 우리의 찬양을 따라 부르기도 했다. 나는 그들의 노랫소리도 들을 수 있었다. 특히나 하나님을 향한 찬양이 깊어지고, 우리의 목소리가 커질 때 그와 같은 현상이 뚜렷해졌다.

오랜 기간의 동면을 거쳤음에도 성령께서는 다시금 내게 영의 세계를 열어주셨다. 나로서는 감사할 따름이다. 이후 내 삶과 사역 중 천사의 방문 횟수는 점점 더 많아졌다. 만남의 내용 또한 깊어져갔다. 이 장을 빌려 당시 내가 체험했던 천사와의 만남을 독자와 함께 나누기 원한다. 부디 이 간증을 통해 당신 역시 천사의 임재를 분별하는 법을 배우게 되길 바란다!

영광의 불덩이

영의 세계가 다시 열린 이래로 나는 천사와 여러 차례 대면했다. 천사들은 꿈에 나타나거나 예배 현장에 등장하기도 했다. 예배 중 수백 명의 천사들이 우리와 함께하는 것도 목격했다.

수년 전, 캐나다 브리티시컬럼비아의 빅토리아에서 사역할 때 성령의 기름부음과 치유의 능력이 강하게 나타났다. 그날 수많은 환자들이 치유 받았다. 알츠하이머(치매), 정신질환, 우울증, 위장질환, 소화장애, 물혹, 난종, 목 디스크, 허리, 고관절, 어깨, 발목 및 관절 통증이 한 순간에 사라졌다. 성령께서 환자들을 만져주신 것이다. 혈액 질병을 앓던 사람의 몸속에 적혈구가 재생되는 기적도 일어났다. 청각장애인이 듣게 되고, 시각장애인이 보게 되었다. 집회 중, 열린 천국의 분위기 속에서 사람들은 하나님께 후한 헌금과 헌물을 드렸다. 그들 가운데 놀라운 재정의 기적을 체험한 사람도 많았다.

이처럼 하나님께서 엄청난 은혜를 쏟아부으시는 동안, 나 역시 놀라운 사건을 체험했다. 호텔 방에서 천사와의 특별한 만남을 가졌던 것이다. 당시 천사는 몇 마디 건넨 후 나를 향해 훨훨 타오르는 불덩이를 던졌다. 이 부분에 대해 자세한 이야기를 다 할 수는 없고, 세부내용을 '천사들과 사역하다'(Ministering with Angels)라는 간증 CD에 담았다.

그 다음 날 일어난 일이다. 설교하기 위해 단상에 올랐는데 바로 그 천사가 예배당 뒤편에 선 것이 보였다. 그런데 또다시 하늘에서 불덩이를 받아 나를 향해 던졌다. 그 불덩이를 받기 위해 나는 강대상을 뛰어내려와 예배당 왼편으로 달려갔다. 불을 받은 후, 자리에 앉은 사람들의 머리를 향해 두 손을 뻗었다. 그 뒤에 일어난 일은 굉장히 놀라웠다!

불덩이를 받는 즉시 그것은 폭발했고, 그 안에서 엄청난 양의 금가루가 터져 나왔다. 내 손이며 팔, 얼굴은 물론 그 주변에 앉아 있던 사람들에게도 금가루가 묻었다. 게다가 불덩이 안에는 지식의 말씀이 가득 들어 있었다. 그날 밤에 우리가 체험했던 하나님 영광의 무게와 놀라운 능력을 말로 표현하는 것은 불가능한 일이다.

아래는 그날 그 놀라운 광경을 목격한 수전 맥클린 목사의 증언이다.

"사람들은 새면암, 프린스조지를 비롯한 여러 도시에서 빅토리아로 몰려왔습니다. 조슈아 밀즈가 인도하는 집회에 참석하기 위해서였습니다. 집회에 참석한 사람들은 결코 실망하지 않았어요. 매시간마다 하나님의 영광이 나타났거든요. 어젯밤 집회 중엔 금가루가 흩날리기도 했습니다. 그 전날 밤, 조슈아를 만난 천사가 그에게 불덩이를 던졌다고 들었습니다. 그리고 그날 저녁 집회 중, 그 천사가 다시 한번 나타나 조슈아에게 불덩이를 던졌다지요. 집회 장소에 모인 사람들은 그 천사를 보지 못했습니다. 하지만 조슈아가 불덩이를 받으려고 이리저리 뛰어다니는 모습은 보았습니다. 이후 불덩이는 공중에서 폭발했습니다. 초자연적 능력이 자연계 안으로 침노

하는 현상을 보노라면 얼마나 놀라운지, 가슴이 벅차오릅니다! 조슈아는 회중 안으로 들어가 사람들의 이마를 짚어가며 기도하기 시작했습니다. 그러자 모든 사람의 이마가 금가루로 인해 반짝거렸습니다. 이후 집회 중 일어난 일, 집회 이후에 일어난 일에 대해 많은 사람들이 간증을 전해왔습니다. 잠시 잠깐 영광의 순간을 체험했으나, 사람들의 삶에 일어난 변화는 '영원'했습니다. 집회 장소에 들어서자마자 오랜 질병을 고침 받은 사람도 있었습니다. 예배 중 치유 받은 사람도 있습니다. 흡연과 같은 악습관을 끊지 못해 오랜 세월 고생했던 사람들도 집회 중 자유함을 얻고 악한 습관을 끊을 수 있었습니다. 어린 시절 당했던 성폭행 때문에 평생토록 수치심을 안고 살았던 한 여성은 집회 중 모든 수치심과 두려움으로부터 자유함을 얻었습니다. 수년간 우울증을 앓고 자살 충동도 여러 차례 경험했던 사람 역시 우울증을 치유 받고 해방되었습니다. 극적으로 재정의 복을 체험한 사람도 많았습니다."

다양한 현상들

성경 전역에서 우리는 하나님의 백성들의 삶 가운데 천사들이 다양한 방식으로 역사했던 사실을 발견한다. 엘리야 선지자에게 한 천사가 나타나 구운 떡과 물병을 건넨 사실도 성경을 통해 확인할 수 있다. 엘리야는 음식을 먹고 힘을 얻어 40주야의 여정을 거뜬히 감당하여 호렙산에 당도할 수 있었다.

> 로뎀 나무 아래에 누워 자더니 천사가 그를 어루만지며 그에게 이르되 일어나서 먹으라 하는지라 본즉 머리맡에 숯불에 구운 떡과 한 병 물이 있더라 이에 먹고 마시고 다시 누웠더니 여호와의 천사가 또 다시 와서 어루만지며 이르되 일어나 먹으라 네가 갈 길을 다 가지 못할까 하노라 하는지라 이에 일어나 먹고 마시고 그 음식물의 힘을 의지하여 사십 주 사십 야를 가서 하나님의 산 호렙에 이르니라 (왕상 19:5-8)

수년 전, 하나님께서는 우리 부부와 사역팀원들을 뉴질랜드의 노스아일랜드로 보내주셨다. 우리는 한 달 동안 노스아일랜드 곳곳을 순회하며 여러 교회에서 하나님의 영광을 선포했다. 집회마다 하나님의 생생한 임재가 나타났기 때문에 그때의 사역 여행은 참으로 흥미진진한 모험과 같았다. 사역하는 내내 하나님께서는 다양한 방법으로 천사의 존재에 대해 알려주셨다.

집회 중 우리는 심심찮게 천사들을 목격했다. 그들은 아름답고 흰 날개 깃털을 펄럭이며 공중을 날아다녔다. 종종 영광의 현장, 회중 위로 사뿐히 내려앉기도 했다. 어느 저녁 집회에서 나는 '보이지 않는 세계'에 대해 설교했다. 그런데 내 뒤편에 쳐놓은 두꺼운 커튼이 펄럭거리기 시작했다. 그리고 우리 모두는 놀라운 광경을 목격했다.

예배당에는 환기시설이 설치되어 있지 않았다. 창문도 닫혀 있었고 문도 닫혀 있었는데, 마치 어디에선가 거센 바람이 불어온 듯 커튼은 심하게 요동쳤다. 물론 사람들 중에는 이러한 현상에 대해 회의적인 반응을 보이는 이도 있었다. "뒤편에서 사람들이 몰래 흔들었겠지." 하지만 그것이 천사의 활동으로 인한 현상임을 깨달았을 때, 그들의 회의적인 반응이야말로 커튼 뒤로 사라져야만 했다.

예배가 끝날 무렵, 여기저기서 웅성거리는 소리가 들렸다. 사람들 모두가 예배당 바닥에 쪼그려 앉아 무언가를 줍고 있었다. 예배 중 자그마한 깃털이 여기저기 흩어져 내렸던 모양이다. 그들은 한 움큼씩 깃털을 주워 모았다. 비록 크기는 작았지만 여기저기 흩날린 깃털은 하나님께서 천사를 보내셨음을 믿게 만드는 증거물로 충분했다.

한 달간의 여정이 중반쯤 지났을 때였다. 과도한 여행과 빡

빡한 일정 때문에 사역팀원 중 아프다고 호소하는 이들이 나타났다. 뉴질랜드 마나카우에서 영광스런 집회를 마친 후 우리는 호텔로 돌아가 간단하게 예배를 드렸다. 바로 그때, 하나님께서 천사들을 보내어 팀원들의 아픈 몸을 치유해주셨다. 기도를 마친 후 눈을 떠보니 펼쳐놓은 성경 페이지 사이에 매우 아름답고 섬세한 모양의 잎사귀가 꽂혀 있었다. 하나님께서 천사 편으로 천국의 금빛 나뭇잎을 보내주신 것이다. 우리 모두는 깜짝 놀랐고, 그곳은 천국의 경이감으로 가득했다. 그때, 성령께서 팀원 중 한 명에게 그 금빛 잎사귀는 먹을 수 있는 것으로, 기력을 회복시켜 주며 치유의 원동력이 될 것이라고 말씀해주셨다. 그 잎사귀는 초자연적 능력의 근원이었다. 천사가 건넨 떡을 먹고 엘리야 선지자가 힘을 얻었듯이, 우리 역시 기적적으로 전달받은 천국의 금빛 잎사귀를 먹고 새 힘을 얻었다.

이 사건을 체험한 후 우리는 하나님께서 우리 몸을 온전하게 회복시키시고자 건강의 천사를 보내신다는 사실을 깨닫게 되었다. 그날 밤 우리는 새 힘을 얻었다. 그리고 다음 날 아침, 마치 새 힘을 자랑이나 하듯 모두 랑기토토 산을 오르내렸다. 그것은 진정 초자연적인 사건이었다! 하나님께서 우리에게 허락하신 능력 덕분에 우리는 사역 일정의 남은 스케줄을 온전하게 소화해낼 수 있었다. 하나님께서 새로운 방법(천사를 보내어 놀라운 일을 행하심)으로 필요를 채워주신 일로 인해 우리는 하나님께 감사드리며 기쁨으로 찬양했다.

가정에서 사역하는 천사들

작년에 일어난 일이었다. 어느 날 밤, 나는 집에서 성경통독 음성파일을 들으며 컴퓨터로 작업하고 있었다. 그때 일렬로 내 침실에 걸어 들어오는 천사들을 보게 되었다. 그들은 이전에 보았던 천사와는 사뭇 다른 모습이었다. '아우라'라고 해야 할까? 그들의 머리와 목, 어깨에서 발산되는 광선을 보았다. 강렬한 빛 때문에 그들의 얼굴과 몸은 볼 수 없었다. 순간 그들이 예전부터(비록 내가 보지는 못했지만) 우리 집 안을 순회하며 돌아다니던 천사들이라는 것을 영적으로 직감했다.

며칠 후 나는 그 천사들을 다시 만났다. 당시 나는 TV를 켜고 하나님의 치유 능력에 대한 DVD 강의를 시청하고 있었다. 순간 성령께서 내게 그들의 정체를 알려주셨다. "파수하는 천사들(Watcher Angels)이란다." 그들은 음성을 통해 선포되는 하나님의 고

귀한 말씀대로 일한다. 우리가 하나님의 말씀을 선포할 때, 천사들이 역사하는 것이다. "능력이 있어 여호와의 말씀을 행하며 그의 말씀의 소리를 듣는 여호와의 천사들이여 여호와를 송축하라"(시 103:20).

천사를 분별하는 7가지 방법

당신은 물론 모든 성도는 천사의 존재를 분별할 수 있다. 하지만 이를 위해 먼저 훈련을 받아야 한다.

대부분의 사람들은 비가시계(非可視界)에서 일어나는 천사의 활동을 보지 못한다. 그들이 자신의 시야를 자연계로 제한시켰기 때문이다. 하지만 성경은 다음의 7가지 원칙을 통해 우리 삶 가운데 역사하는 천사의 활동을 감지할 수 있다고 힘주어 이야기한다.

1. 영적인 감각

성령께서 성도들에게 주시는 은사 중 하나는 '영 분별의 능력'(고전 12:10)이다. 이 은사는 영적인 영역과 그 영역에 거하는 존재들을 감지하고 분별해내는 능력이다. 하지만 이 은사는 영 분별에만 그치지 않는다. 이러한 은사를 발휘할 때, 당신은 더이상 '자연계의 이해력'을 따라 행하지 않고, 초자연적 '지식'을 동원하여 일하게 된다.

영 분별은 우리에게 증언하시는 성령의 능력으로만 가능하다. 성령께서는 어떤 영, 혹은 어떤 것이 하나님으로부터 왔는지 우리의 영혼에 알려주신다(초자연적 지식을 주신다). 베드로는 이러한 영 분별 은사를 통해 고넬료에게 일어난 천사의 방문을 분별했다 (행 10:30-35).

2. 하나님의 말씀

성경은 우리에게 천사의 사역과 활동에 대한 계시를 전한다. 성경대로라면 천사는 다음과 같은 경로를 통해 활동한다.

* 찬양과 예배(대하 20:22)
* 기도를 통해(단 10:12)
* 하나님의 말씀을 전할 때(시 103:20)
* 성령에 이끌림 받아 하나님께 헌금하고 재정적으로 헌신

할 때(행 10:4)

자연계에서 천사의 존재를 못 느끼는 것은 당연하게 생각한다. 그런데 성령께서 인도하시는 찬양, 예배, 기도, 설교, 헌금 시간에도 천사의 존재를 느끼지 못할 수도 있다. 그러나 하나님의 말씀을 믿는 믿음 안에서, 우리는 예배와 찬양과 기도 중 천사들의 사역이 우리 위에 펼쳐진다는 것을 확신할 수 있다. 내 삶에 관여하시는 하나님의 역사와 그분의 개입하심을 자각했을 때, 나의 시각과 관점에 변화가 생겼음을 알게 되었다. 하나님의 말씀은 천사의 사역이 계속해서 펼쳐질 것을 보장한다(시 34:7).

3. 예언의 말씀

때때로 하나님께서는 사람의 입을 통해 특정 지역 혹은 특정 상황 속에서 천사들이 역사하고 있음을 말씀해주신다. 이처럼 예언의 말씀을 듣게 될 때, 우리는 하나님께서 하시는 일에 동참할 수 있다.

하나님께서 주시는 계시를 믿고 감사드리기 시작하라. 이후 천사의 활동을 열린 마음으로 받아들이라. 당신의 눈에 특정 현상이 나타나지 않더라도 믿음을 가져라. "주 여호와께서는 자기의 비밀을 그 종 선지자들에게 보이지 아니하시고는 결코 행하심이 없으시리라"(암 3:7).

때때로 나는 천사의 희미한 윤곽, 움직이는 그림자만 볼 뿐이다. 하지만 예언의 말씀으로 하나님께서 계시해주신 것들이 실제로 일어날 것을 믿는다. 내가 마음을 열고 예언의 말씀을 받아들였을 때, 그 말씀이 내 눈을 열기 시작했다. 즉, 내가 믿기로 선택했을 때 갑자기 눈이 열린 것이다. '보는 것이 믿는 것'이 아니다. 믿음이 먼저이고 그 후에 보게 되는 것이다. 다시 말하면 '믿는 것이 보는 것'이다. 하나님께서 주시는 예언의 말씀을 믿기 시작할 때, 그 말씀이 창조해내는 실체를 경험하게 된다.

한 번은 적은 수의 성도가 한 가정에 모여 예배를 드렸는데, 그들에게 기도사역을 하던 중 천사를 목격하게 되었다. 방 한쪽 천장에서 다른 쪽으로 섬광이 번쩍이며 이동하는 것이 눈에 들어왔다. 그 순간 나는 그것이 천사의 움직임이라는 것을 감지했다. 아주 갑자기 일어난 사건이었지만, 그 일은 나의 '영안(靈眼)'을 열어주었다. 나는 곧장 예언의 말씀을 선포했다. 그런데 모임에 참가했던 한 여성이 천사의 방문을 확신하지 못했다. "저는 당신처럼 그런 느낌이나 감각이 없어요. 정말 천사가 우리 곁에 있는지 모르겠어요." 그녀는 정말 천사가 그 방에 있는지를 하나님께 여쭤 보며 온 마음을 다해 기도했다. 우리 모두 그녀와 함께 기도했다. 기도를 마친 후 눈을 떴는데 그녀가 앉았던 의자 주변에 조그마한 깃털이 수북하게 쌓여 있었다. 성경은 말한다. 당신이 하나님의 은밀한 장소로 나아가면 "그가 너를 그의 깃으로 덮으시리니 네가 그의 날개 아래에 피하리로다"(시 91:4). 그녀의 의자 주변에 내려앉았던 깃털은 하나님의 '신실하심', '거룩한 보호'의 상징이었다.

4. 몸의 느낌

하나님으로부터 무언가(은사, 계시, 능력 등)를 받고자 마음을 열 때, 우리는 초자연적 영역을 '몸'으로 체험하게 된다. 성경은 천사의 존재를 '영적인 바람'과 '불꽃의 사역자'로 묘사한다. "바람을 자기 사신으로 삼으시고 불꽃으로 자기 사역자를 삼으시며"(시 104:4).

때때로 당신은 체온이 급상승하거나 피부가 따끔거리는 것을 느낄 것이다. 이러한 현상이 나타나면(모든 경우에 그렇다고 할 수는 없지만) 불꽃의 사역자가 활동하는 증거로 삼을 수 있다. 이런 식으로 당신은 신체적 반응이나 감각을 통해서도 천사를 분별할 수 있다. 또 다른 경우, 당신은 찬양 중에 따뜻하거나 시원한 바람이 얼굴에 와 닿는 것을 느낄 것이다(히 1:7). 어쩌면 천사의 날갯짓에 공기의 흐름이 바뀌었는지도 모른다.

내게는 이러한 현상이 자주 나타난다. 한번은 음반을 녹음하기 위해 스튜디오에 있었는데, 찬양에 깊이 빠진 나는 마치 천국에 가 있는 느낌이었다. 바로 그 순간 천사의 날갯짓이 내 얼굴을 스치는 것 같았다. 그것은 정말 생기 넘치고 에너지로 가득한 날갯짓이었다. 그래서인지 자동차 세차장의 회전솔이 뺨에 닿는다고 느껴질 정도였다. 참으로 강력한 터치였다.

방언으로 찬양하는 동안 뺨에 닿는 날갯짓 터치는 계속되었다. 영광의 실체와 만나는 체험을 통해 기쁨이 회복되고 다시금 힘이 솟았다.

주의할 점이 있다면, 몸의 감각을 통해 천사의 현존 여부를 결정하고자 할 때, 항상 영 분별의 은사가 병행되어야 한다는 것이다. 현상은 반드시 분별해야 한다.

5. 찬란한 빛

많은 경우 하나님께서는 찬란한 빛 가운데 천사와의 만남을 허락하신다. 그 순간 당신은 비범한 빛 혹은 섬광을 보게 될 것이다(어쩌면 눈언저리에 그러한 빛이 번뜩이는 게 살짝 보일지도 모른다). 다양한 색깔의 빛이 구형(球形)으로 나타나는 경우도 있다. 각각의 색깔은 천사가 행하는 사역의 목적 혹은 기능을 대변하기도 한다.

성경은 하나님을 '빛들의 아버지'(약 1:17)로 묘사했다. 그런데 사탄 역시 '광명의 천사'(고후 11:14)로 스스로를 가장한다. 그러므로 빛을 통해 천사의 현존을 분별하고자 할 때, 반드시 영 분별의 은사를 사용해야 한다. 하나님의 거룩한 천사들은 항상 (천사 자신이 아닌) 예수 그리스도께 영광을 돌린다. 정말 하나님이 보내신 천사라면 당신으로 하여금 현상 자체에 관심을 쏟도록 만들지 않고, 하나님의 영원한 말씀에 집중하도록 인도할 것이다. 천사는 당신이 그 말씀에 순종하도록 격려할 것이다.

6. 환상 가운데 나타나는 천사

예수님께서 탄생하시던 밤, 하늘의 천사들이 목자들의 눈앞에 모습을 나타냈다(눅 2:8-14). 실제로 천사들이 눈앞에 나타난 것이다! 또한 가브리엘 천사는 마리아에게(눅 1:26-38), 그리고 요셉에게(마 1:18-21) 자신의 모습을 나타냈다. 옥에 갇힌 베드로는 천사의 방문을 받았다. 그는 환상 중 천사의 안내를 따라 감옥을 벗어났다(행 12:6-10). 사도 바울은 천사로부터 예언의 말씀(계시)을 받았다(행 27:21-25). 예수님께서 사탄의 시험을 이기셨을 때, 천사들이 다가와 시중들었다(마 4:11). 성경은 천사들이 자주 나타나기 때문에 주의하라고 말한다. 때때로 천사는 낯선 사람의 모습으로 나타나기도 한다(이러한 일이 내게 몇 차례 일어났다). 그러므로 조심하라. 부지중에 천사를 대접할 수도 있으니 말이다(히 13:2).

7. 꿈

꿈속에서 야곱은 하늘에 닿은 사다리(혹은 층계)를 보았다. 그리고 천사들이 그 위를 오르내리는 것도 보았다. 하지만 그의 꿈을 통한 계시는, 꿈이 아닌 현실 세계에서 정점에 달했다. 잠에서 깬 후 야곱이 외쳤다. "여호와께서 과연 여기 계시거늘 내가 알지 못하였도다 … 두렵도다 이곳이여 이것은 다름 아닌 하나님의 집이요 이는 하늘의 문이로다"(창 28:16-17).

한밤의 꿈이나 환상을 통해 하나님께서 허락해주시는 초자연적 경험을 무시해선 안 된다. 그러므로 주의하라. 때때로 하나님께서는 꿈을 통해 천사와의 경험으로 우리를 인도하신다(마 1:20,

2:12-13, 2:19.

어떻게 영광의 영역에서 천사와 만날 수 있는가?

항상 영적으로 깨어 있어야 한다. 당신을 둘러싼 주변 환경과 분위기를 잘 살피라. 당신의 삶에 영광을 발현하시는 하나님의 약속을 믿고, 믿음 위에 견고히 서라.

당신이 무엇을 느끼든, 무엇을 보든 상관없다. 아무것도 느끼지 못하고, 보지 못하고, 감지하지 못해도 상관없다. 하나님께서는 당신을 섬기도록 천사를 보내셨다. 바로 당신을 위해 말이다! 그들은 하나님의 계획에 따라 당신 주변에서 일한다(히 1:14).

하나님의 선하심을 찬양하며 감사드리라. 하나님께서 당신에게 복 주시고, 거룩한 천사들을 보내셨으므로 기뻐하라!

Atmosphere

www.purenard.co.kr